HISTOIRE D'UN POU FRANÇOIS;

OU

L'ESPION D'UNE NOUVELLE ESPECE,

TANT EN FRANCE, QU'EN ANGLETERRE.

CONTENANT

Les Portraits de Personnages intéressans dans ces deux Royaumes, & donnant la Clef des principaux Evènemens de l'An 1779, & de ceux qui doivent arriver en 1780.

A PARIS,
DE L'IMPRIMERIE ROYALE.

M,DCC,LXXXI.

AVEC APPROBATION ET PRIVILEGE.

ÉPITRE DÉDICATOIRE.

A SA

MAJESTÉ TRÈS CHRÉTIENNE.

SIRE,

VOICY le premier ouvrage qui ſort de la plume d'un être de mon eſpèce. A qui puis-je mieux le dédier qu'à un Monarque, ſous le gouvernement duquel je ſuis né, & qui redevient encore mon Souverain dans un pays où je ne m'en ſerois jamais douté ? Cepandant j'y trouve une eſpèce de juſtice; il y a ſi long temps que les armes de France ſe trouvent réunies à celles d'Angleterre, il y a ſi long temps qu'on voit dans l'Europe le titre de Roi de France joint à celui de la Grande Bretagne, qu'il falloit enfin que cette fiction devint une réalité. Puiſque c'eſt à VOTRE MAJESTÉ que cette gloire étoit réſervée, je ſuis flatté d'être le premier à l'en féliciter publiquement. Mais, Sire, n'y a-t-il pas, en verité, de quoi rire en voyant le ridicule, & le peu de mérite des perſonnages qui ont coopéré à cette œuvre ? Quoi qu'il en ſoit, cet évenement eſt un bonheur pour les deux nations. Il n'y aura plus d'autre rivalité entre elles que celle d'avoir pour Votre Auguſte Perſonne tout l'attachement & le reſpect qui vous ſont dus à tant de titres ; on entendra à Paris, les acclamations de VIVE LE ROI ; on entendra à Londres celles de GOD SAVE THE KING, & tous ces vœux ſe réuniront pour Vous. Il n'y aura plus de guerre, plus de ſang répandu ; le commerce va fleurir dans toute l'Europe à qui vous donnerez des loix ; partout on vous bénira & l'on vous aimera. J'eſpère en mon particulier avoir encore le bonheur de vous revoir lorſque vous viendrez vous faire couronner à Londres avec Votre Auguſte Compagne, qui m'a déja tant honoré, ainſi que vous le verrez dans mon hiſtoire. J'en conſerverai toujours la plus grande reconnoiſſance.

Je ſuis, avec le plus profond reſpect,

SIRE,

De VOTRE MAJESTÉ,

Le plus humble de Vos Sujets,

LE POU FRANÇOIS.

TA-

TABLE.

CHA-

Hiſtoire d'un Pou François.

Réflexions Préliminaires.

QUE tous les êtres vivans ſont ſujets à des calamités & à des épreuves ſans nombre ! Combien de fois n'aye-je pas regretté mon exiſtance ! Combien de fois n'aye-je pas été tenté de me donner la mort ! Cependant j'ay eu aſſés de courage & de force d'eſprit pour me réſigner totalement à la volonté de mon créateur ; plus intrépide que ces fameux Romains ſi vantés dans l'hiſtoire, que Brutus, que Caſſius & le fier Caton, ma raiſon m'a éclairé & conduit ; j'ai murement réflêchi ; & ma déciſion a été que, dans une république auſſi conſidérable que la mienne, je devois l'uſage de ma vie à mes ſemblables ; que le ſuicide étoit une mort honteuſe & furtive ; que c'étoit un vol fait au genre Pouilleux ; que j'avois encore de grands devoirs à remplir vis-à-vis de mes concitoyens & de ma nombreuſe famille, & qu'enfin tout

tout être vivant eſt utile à ſes ſemblables par cela ſeul qu'il exiſte.

Ces réflexions m'ont ſoutenu juſqu'à ce jour, dans les ſituations les plus terribles & les évenemens les plus déſeſperés ; je vis actuellement en philoſophe dans un pays libre ; je me trouve heureux.

O mes enfans, o mes freres, qui vivez dans des jubilations & des tranſes mortelles, eſperés, jouiſſés de la douce conſolation d'obtenir à la fin de vos jours une retraite ſure & tranquille ; que ma vie, qui a été un énchaînement continuel de biens & de maux & que je vais tracer pour votre bien & votre bonheur, vous aprenne à ne pas vous abandonner à votre malheureux ſort ; reſignés vous avec confiance aux décrets de la providence qui ſçait mieux que nous-même ce qu'il nous faut, & vous ſerés comme moi heureux & fortunés.

CHAPITRE I.

Naiſſance du Pou ſur la tête d'une fille d'amour ; ſa jeuneſſe eſt heureuſe ; il ſe marie & a des enfans. Peſte univerſulle dans ſa patrie qui l'oblige de s'en ſéparer.

JE ſuis né ſur un terrain fertile & d'un très grand produit que mes ancêtres occupoient deja depuis près d'un an & dans lequel ils avoient vécû comme des Rois ; c'étoit la tête d'une fille charmante agée de 17 à 18 ans. Elle demeuroit chez une

une bonne maman à Paris, nommée la Montigny, qui recevoit la plus floriſſante jeuneſſe de la capitale; je puis le dire à l'honneur & gloire de ma jeune maîtreſſe, j'ai peu vû de têtes auſſi belles & auſſi bien fournies; c'étoit une vaſte & puiſſante forêt qui ſuffiſoit en abondance à tous nos beſoins, quoique notre colonie fut très peuplée. Mon enfance fut des plus brillantes, j'engraſſois à chaque minute à vüe d'œil; ma mere qui m'aimoit & m'adoroit me diſoit ſouvent en me tenant étroitement ſerré dans ſes bras qu'elle n'avoit jamais eu d'enfant auſſi bien portant & auſſi fort, car en 8 jours de temps j'étoit auſſi puiſſant que mon pere.

Parvenu à un age nubile, je me mariai; je choiſis une femme de mon age, graſſe & puiſſante, car j'aime beaucoup l'embonpoint. Dans l'eſpace de 4 jours je me trouvai bientôt pere de 90 enfans, moitié garçons & moitié filles; je béniſſois mon ſort & je ne préſumois pas qu'il put éxiſter d'être plus heureux que moi ſur la terre, lorſqu'un évenement imprévu me plongea dans le 1er de mes malheurs.

Cette terre ſi abondante & remplie de fruits ſi ſucculents, que je regardois comme un véritable paradis terreſtre, parut ſe deſſécher preſque tout-à coup. Continuellement je voiois ſe déraciner des arbres de cette vaſte forêt; une odeur minéralle qui s'exhaloit de tous les pores de cette tête, jadis ſi fortunée, fut pour notre république une peſte effroyable; je voyois à chaque minute mes parens, mes amis périr dans les plus grandes convulſions; je perdis bientôt mon pere, ma reſpectable mere qui m'avoit tant cheri, & plus des 3 quarts de mes chers enfans. Ma pauvre maitreſſe elle-même, qui nous donnoit ſi généreuſement l'hoſpitalité, étoit dans un état à faire compaſſion; ſon haleine étoit devenue forte

forte & insupportable ; ses dents n'avoient plus de consistance, sa bouche écumoit; ses nerfs étoient déchirés ; tout son corps trembloit; à peine pouvoit-elle se soutenir.

Effrayé d'un tel désastre, & voulant en pénétrer la cause, je sortis un matin avec beaucoup de peine de cette immense foret; je montai sur le sommet d'un oreiller, jadis blanc, mais noirci par l'infection qui regnoit dans les airs, & je vis un malheureux opérateur, qui, passant & repassant continuellement des mains grasses & huileuses sur les membres delicats de mon hotesse, étoit l'auteur de cette cruelle contagion.

Dès ce moment je ne voulus plus rentrer sur ce terrain maudit & ulceré; j'appellai le peu qui me restoit de mes enfans, & nous nous cachames pour quelque temps dans les fentes d'un rideau de siamoise qui entouroit le lit de mon hotesse.

Nous restames en ce lieu 2 jours & demi, sans provisions, sans secours, & ne sçachant à quel saint nous vouer, lorsque ma pauvre maitresse, languissante & n'en pouvant plus, fut tirée de son lit & portée dans un carosse de place qui la conduisit, à ce que j'entendois dire, au chateau royal de Bissexter.

On mit des draps blancs au lit qu'elle venoit de quitter; je vis avec horreur la cruelle matrone secouer fortement les draps sales & en faire tomber la foule innombrable de tous mes concitoyens que cette peste avoit emportés; quelques uns étoient encore expirans & sollicitoient des secours, mais l'impitoyable mégere, les ayant réuni avec un balet, les poussa tous dans un brazier ardent qui termina leurs maux & l'idée même *de leur existance.*

CAPITRE.

CHAPITRE II.

Il se réfugie sur la tête d'un conseiller-clerc au Parlement de Paris. Description de son nouveau domicile; il le quitte & va chez Madame la Comtesse de LA B. . . .

QUANT à nous, transis de frayeur & mourant de faim, nous ignorions encore ou porter nos pas, lorsque nous vîmes pour notre bonheur arriver une camarade de ma premiere maitresse & un de ses amans; ils venoient célébrer un nouveau mariage.

Craignant que cette nouvelle aventuriere ne nous fit éprouver le sort de notre premiere hotesse, je pris le parti de me retirer sur la tête de son galant; j'y pénétrai avec deux de mes filles seulement. Mes autres enfans n'ayant pu me suivre par la foiblesse de leurs corps épuisés, je les recommandai à la divine providence; &, ne pouvant plus leùr être d'aucune utilité, je les oubliai totalement, ayant assés d'affaires personnelles & de dangers à éviter.

La forêt dans laquelle nous fimes notre séjour étoit d'une espèce bien différente que celle que nous avions été forcés d'abandonner; ce n'étoit point cette pépiniere immense de sapins d'une hauteur prodigieuse qui faisoient le plus bel ornement de notre ancienne maitresse; c'étoit une forêt dévastée, ou l'on ne voyoit qu'un petite quantité d'arbrisseaux qui, quoique jeunes encore, ne trouvoient plus sur un sol ingrat & stérile de sucs & de substance; ils avoient langui, & étoient devenus blancs & secs; ils étoient très courts & en trés petite

petite quantité; ces arbrisseaux avoient aussi une forme bien différente de celle des arbres de cette espece; ceux qui étoient placés autour de cette pauvre forêt avoient subi une impression forcée, & formoient un cercle. Quant au milieu du terrain, on y avoit fait un abbatis considérable dans une forme ronde; je n'ai jamais pu en deviner la raison; mais ce que je sçais, c'est que, probablement pour garentir les racines de cette place, ou du trop grand froid, ou de la trop grande chaleur, mon nouvel hôte avoit soin de leur donner tous les matins une couverture noire & luisante, impénétrable aux ardeurs du soleil, & à la pluie la plus forte.

Ce fut un peu au dessus de cette place que nous nous réfugiames mes deux filles & moi; nous y étions comme dans un désert; nous n'y rencontrames aucun être de notre espece; & nous n'y trouvames point la nouriture qui nous convenoit; cependant nous fumes obligés de nous contenter d'une bouillie onctueuse & épaisse que j'ai sçu depuis être de la graisse d'ours; c'étoit un mets qui auroit été très agréable, & très salubre pour nous, s'il n'eut point été mélangé avec une quantité de musc & d'ambre, dont l'odeur trop forte se portoit à nos cerveaux & nous étourdissoit.

Ma pauvre femme étant morte dans la peste qui avoit ravagé notre premiere république, je fus obligé de lui substituer dans cette terre inculte mes deux filles qui partagerent indistinctement mon cœur, & le lit nuptial; tel étoit parmi les hommes. suivant un cantique que j'ai entendu chanter plusieurs fois, un certain Monsieur Loth, qui, après le le changement de la femme en sel, fut également forcé de recourir à ses deux filles, faute de mieux.

Nous commencions déja à former un nouvel établissement dans cette colonie naissante, lorsque nôtre hôte que l'on appelloit *le toutou du premier président*, & dont le nom étoit l'Abbé *Appletrée* *, conseiller au Parlement de Paris, ayant été engagé à diner chés ce Magistrat, fut placé à table auprès de la maitresse de la maison & d'une petite élégante, qui faisoit la précieuse, & pour qui l'on paroissoit avoir beaucoup d'égards. Comme le propriétaire de mon domicille lui témoignoit beaucoup d'amitié, & par conséquent gesticuloit continuellement, j'eus les plus grandes peines du monde à me tenir sur un de ses cheveux: je m'y crampronais du mieux qu'il m'étoit possible; mais par un évènement que je ne pouvois encore prevoir, ce malheureux arbrisseau se déracina, & je tombai avec lui sur la robe de ma belle voisine.

Comment me tirer de cette facheuse position? Je ne le pouvois pas par moi-même; je crus donc qu'il étoit plus prudent de me cacher, & je résolus d'abandonner la tige à la quelle j'étois attaché, & qui étoit la cause de ma perte. Je m'y déterminai avec d'autant plus de raison, que la robe de cette dame étant couleur de puce, & le cheveu étant blanc, j'aurois été facilement découvert; je me cachai donc dans une bouffante du falbalas; je n'y fus pas plutot, que j'eus raison de m'applaudir de mon idée: le cheveu tomba sur le tapis, & bientôt un laquais mit dessus un pied d'une grosseur énorme qui m'auroit écrasé cent mille fois si j'y fusse toujours resté collé. J'attendis donc dans

* *Applejrée* en Anglois, ne veut-il pas dire *pommier*?

cette

cette retraite forcée quelque circonſtance dont je puſſe profiter, lorſque ma nouvelle maitreſſe partit le ſoir dans ſa voiture pour ſe rendre à la Cour, ou elle fut préſenté le lendemain au Roi, à la Reine, & à la famille Royale.

CHAPITRE III.

Son entrée à la Cour; il a l'honneur d'approcher de très pres la Reine; il recoit les adorations de tous les courtiſans; ſa diſgrace.

SI ce jour ne fut pas le plus heureux de ma vie, il en fut au moins le plus brillant, comme vous allez voir.

Mon hoteſſe étant dans l'appartement de la reine, & en la préſence de cette auguſté Majeſté, je voulus contempler une Princeſſe dont j'avois tant entendu dire de bien par tout où je m'étois trouvé, & qui avoit le cœur de tous ſes ſujets; je me placai donc ſur le bord du falbalas, & j'étois en extaſe des charmes de la Divinité de la France, lorſqu'un mouvement que fit mon hoteſſe & auquel je ne m'attendois pas me fit tomber aux pieds de la Reine; heureuſement que l'on ne fit point attention a ma perſonne, mais, malgré l'indifférence que l'on me temoignoit, je craignois toujours quelque pied indiſcret qui eut été très funeſte pour moi. Par un plus grand bonheur, ſa Majeſté, bienfaiſant à tous ſes ſujets, le fut auſſi pour moi; Elle laiſſa tomber comme par mégarde un mouchoir blanc. Malgré la promptitude avec laquelle on ſe précipita pour le le ramasser, j'eus l'adresse de m'y attacher, & je fus remis ainsi très respectueusement entre les mains de S. M. qui me reçut avec l'accueil le plus gracieux, & en remerciant affablement celui qui me présentoit.

Jugés de l'orgueil qui devoit m'enflammer dans ce moment; mais ce n'étoit point encore là le faîte de ma gloire.

Mon auguste maitresse porta le mouchoir où j'étois à son visage; je crus alors qu'il étoit temps d'en sortir, & me laissai tomber sur un sein, d'une blancheur éblouissante, & doux comme un satin. Que je me trouvois bien placé! Je voyois des deux cotés, des boucles flotantes de cheveux d'une couleur qui m'enchantoit, & où j'espérois bientot pouvoir me réfugier; je voyois des Princes, des Ministres, & les premiers seigneurs du Royaume s'approcher avec vénération de Nous, n'oser Nous regarder en face, ni s'asseoir devant Nous. Je vis l'auguste Epoux de la Princesse s'approcher seul, de l'air le plus tendre, & la prendre par la main pour lui parler en particulier. Je pus facilement alors contempler ses traits radieux & sa noble Personne; j'étois enfin si enivré de mon élévation, que, quoique je n'eusse rien pris depuis plus de 24 h., je ne pensois point à cherchér aucune nouriture.

Le Reine, après ce court entretien dont j'avois été témoin, reparut dans le cercle de ses courtisans plus belle que jamais, & tout le monde s'empressoit à Nous admirer, lorsqu'un Prince du Sang, fixant avec plus d'attention que les autres les yeux sur le trone ou j'étois triomphant, m'aperçut & me distingua. Il alla sur le champs le dire à l'oreille de la Princesse son Epouse, qui, s'approchant de sa sœur, se mit à rire en me regardant, &, nous prenant à l'éécart, pendant que je l'admirois, Elle eut la cruauté de vouloir me chasser du poste ou j'étois, avec le bout de son gant; je fis tous mes efforts pour résister, mais il me fallut céder à la force, & je tombai sur le bord d'une glace de la croisée qui étoit ouverte; je vis qu'ainsi expulsé on me cherchoit encore, je ne sçais à quelle intention; mais, par précaution, je me cachai le mieux que je pus, & l'on ne me trouva point.

J'ai sçu depuis, que ma présentation à la Cour & l'honneur que j'ai eu de m'asseoir sur un trone aussi agréable que celui où je m'étois placé avoient fait du bruit tant à Versailles qu'à Paris, même dans les pays étrangers, & que mon auguste Maîtresse avoit rougi lorsque je fus congedié. Je lui demande bien humblement pardon de la témérité que j'ai prise, & je puis l'assurer que j'ai expressément défendu, sous peine de la vie, à tous mes freres & mes concitoyens de jamais approcher de sa Personne sacrée, trop jaloux d'être le seul qui aie joui d'un avantage aussi glorieux.

Mais plus ma vanité a été flattée de mon triomphe, plus aussi elle a été rabaissée par la position qui a suivi mon élévation.

CHAPITRE IV.

Adversité de notre héros. Il s'allie avec un Soldat aux Gardes.

UN coup de vent m'emporta, & me fit tomber sur la tête d'un Soldat aux Gardes qui passoit par là là ; je m'y arrêtai, faute de mieux ; & je demeurai 8 jours dans ce pays qui n'avoit d'autre désagrement pour moi que celui de me trouver bien au-dessous de celui où je brillois auparavant. Du reste j'y fus heureux ; j'y rencontrai de mes freres en grande quantité : c'étoit une terre assez fertile & bien approvisionnée : nous allions, mon nouveau maitre & moy, très souvent au cabaret ; nous faisions aussi de jour à autre l'exercice, & la nuit nous la passions chez la gentille Margot, l'objet de ses amours, une blanchisseuse de la rue Satory, très connue & très éveillée, qui avoit toujours de l'argent comptant & fournissoit à tous les besoins & meme aux fantaisies de mon maitre : le compere aussi ne la laissoit point chommer ; presque toutes les nuits il agissoit plus qu'il ne dormoit, ce qui me gênoit beaucoup ; car le petit bonnet de coton qu'il avoit se dérangeoit continuellement, & mon soldat ne cessoit de le remettre, mais d'une maniere grossiere & bien fatiguante pour nous ; il nous tourmentoit sans fin : il avoit encore une autre habitude très désagréable, c'étoit de se gratter la tête, presqu'à tous moments ; ses ongles, longs & crochus, qu'il enfonçoit avec force, enlevoient, avec notre substance, un bon nombre de mes freres qu'il rouloit ensuite dans ses doigts & jettoit avec mépris à ses pieds.

Pour rétablir notre colonie j'étois obligé de la repeupler de mon mieux & je n'épargnai ni mes soins ni mes peines : j'eus l'agrément de me retrouver presqu' avec une nouvelle famille dont j'étois le pere, le grand pere & l'ayeul ; mais cette satisfaction fut de peu de durée.

CHAPITRE V.

Il est forcé de quitter son Soldat aux Gardes, & fait, malgré lui, connoissance avec Margot la blanchisseuse.

UN beau matin que cet amant sortoit des bras de sa maitresse, celle-ci, avant de s'habiller, voulut rendre un service à son associé; elle prit un instrument terrible, semblable à ceux que l'on voit dans des jardins pour arrenger & embellir les allées; &, le passant & repassant dans l'immense forêt que nous habitions, elle troubla cruellement notre société: trois fois je glissai entre les dents de ce maudit instrument, n'avant eu qu'une patte brisée; je crus en être quitte pour la peur; mais un quatrieme coup de peigne m'emporta malgré moi & me fit tomber sur le sein de mon inhumaine. Furieux du traitement qu'elle me faisoit éprouver, je la mordis le plus serré qu'il me fut possible, aux risques même d'en être puni sur le champs; ma nouvelle hotesse sentit la blessure, & se mit à frotter bien rudement l'endroit offensé.

Ce mouvement me poussa sur un paquet de linge que Margot venoit de repasser & qu'elle devoit porter à une de ses pratiques; je pénétrai dans les plis d'une chemise qui appartenoit à une Demoiselle connue dans toute l'Europe par les singularités de ses aventures, chez qui je fus conduit deux heures après; & avant le diner je pris séance sur le col de cette nouvelle aventuriere.

CHAPITRE

CHAPITRE VI.

Il a le bonheur de se sauver de chez Margot, & va loger chez Mdlle d'Eon, Chevalier de St. Louis, ancien capitaine de dragons. — Il s'instruit avec elle, & se croit un grand personnage.

JAMAIS je n'ai connu de femme qui eut les manières plus grotesques & plus cavalieres: toujours en action, toujours en mouvement, gesticulant comme un dragon, ne pouvant s'accoutumer aux habillemens de son sexe, n'aimant point la conversation des dames; telle étoit la personne qui vouloit bien me donner un azile. Je vecus une quinzaine de jours dans cette habitation; j'y étois seul cepandant: mais cette solitude ne me déplut point dans les commencements; j'avois une table excellente & en abondance, car ma maitresse, y faisoit porter tous les jours des provisions & n'aimoit point qu'on en retirat; elle trouvoit que le temps de la toilette étoit un temps perdu, & elle l'abrégeoit le plus qu'elle pouvoit. A cet égard je trouvois qu'elle raisonnoit très bien, & j'en tirai plus de profit qu'elle.

Je puis aussi ajouter à son honneur & gloire que, par le moyen de la transpiration & de la substance la plus spiritueuse de cette héroine dont je me nourrissois autant que des alimens ordinaires qu'elle me procuroit, je pris un courage & une force supérieurs à tous les êtres de mon espèce; elle m'instruisit aussi un peu dans la langue Angloise qu'elle paroissoit sçavoir aussi bien que la sienne, ayant demeuré longtemps à Londres, & étant toujours en relation, quoi qu'à Verſailles, avec pluſieurs Anglois & Amériquains. Cette connoiſſance, dont je lui ai l'entiere obligation, m'a été très utile, ſur tout relativement aux événemens poſtérieurs qui me ſont arrivés, & dont je rendrai compte dans la ſuite de cette hiſtoire.

On me demandera peut-être comment j'ai pu apprendre une langue étrangere, ſur-tout lorſque mon hoteſſe, ignorant même mon éxiſtance, qu'elle n'auroit pas manqué d'anéantir, ſi elle l'eut connu, ne pouvoit avoir aucun entretien avec moi.

A cela je réponds: 1° que, m'adaptant aux êtres humains qui veulent bien avoir ſoin de moi, je ne fais qu'un avec celui ſur lequel j'éxiſte.

2°. Que, fixant mon habitation & mon domicile ſur le cerveau, les eſprits continuels qui en ſortent & qui forment pour moi un véritable élément, me font connoître toutes les idées que peuvent entrer dans la tête de mon pourvoyeur.

3°. Qu'aucune idée ne peut être formée & conçüe que par la réunion de quelques paroles, ſans leſquelles l'idée ne ſubſiſteroit pas; que c'eſt une vérité inconteſtable que j'ai remarquée en tous temps, voyant ſouvent des hommes ſe parler à eux mêmes ſeuls; &, quand ils ne s'expriment point de maniere à ſe faire entendre, ils s'énoncent toujours tacitement; leur langue remue preſqu' inſenſiblement, malgré eux, & ſans même qu'ils y penſent.

De ces principes établis par des faits, on en peut facilement tirer l'induction que, comprenant les idées de mon héroine qui ſe formoient dans ſa tête en langue Françoiſe qu'elle rendoit enſuite en Anglois, je ſçavois ſur le champs ce qu'elle vouloit dire

dire dans cette langue étrangere ; je comprenois également par les réponses qu'elle faisoit à ceux qui la questionnoient en Anglois ce qu'on lui avoit demandé ; ainsi, me faisant une grammaire particuliere, simple & facile, je puis en peu de temps me mettre au fait de cette langue utile & noble, & rien ne me devenoit étranger.

J'ajoute encore à ces observations qu'ayant été, comme je l'ai déja dit, 15 jours sur la tête de ma maitresse de langue, &, n'ayant rien qui put me distraire, puisque j'étois seul & livré à moi-même, j'ai fait des progrès beaucoup plus considérables que si j'eusse été environné de mes femmes, de mes enfans & de mes concitoyens ; en outre je n'avois aucune crainte ni inquiétude pour ma vie que l'on ne cherchoit point à m'oter, de sorte que j'avois l'esprit libre & continuellement occupé à m'instruire.

CHAPITRE VII.

Il prend des connoissances sur le compte de sa maitresse qui ne lui font point plaisir, & diminuent beaucoup son amour propre.

JE viens de dire dans le chapitre précédent que, me nourissant de la substance de mon héroine, je devins plus fort & plus courageux que tous les êtres de mon espèce ; je me croyois, il est vrai, plus hardi & plus entreprenant que jamais ; mais, comme mon mérite ne pouvoit être plus considérable que celui de ma maitresse qui me le communiquoit, je

 trouvai

trouvai bien à rabattre de mon amour propre & de ma vanite pouilleuse quelques temps avant notre séparation. Je vis, la veille que je la quittai, un François qui paroissoit homme de mérite & de bon sens lui reprocher entre quatre yeux, d'avoir voulu trahir sa patrie chez ses plus grands ennemis, de leur avoir révélé, pour de l'argent comptant, les sécrets de la France dont elle avoit été dépositaire d'abord comme sécretaire d'Ambassade du Duc de Nivernois, ensuite comme Ministre Résident à la Cour de Londres, après le départ de cet Ambassadeur; il lui observoit encore qu'il avoit été indécent à elle de n'avoir pas conservé à Londres le *decorum* des emplois dont elle avoit été honorée; qu'elle alloit souvent tirer des armes dans un jeu de paulme public de Londres; qu'elle espadonnoit avec des laquais, des nègres, & tout ce qu'il y avoit de plus vile & de plus abject dans cette capitale; qu'elle alloit dans les *bagnos* & les mauvais lieux; que, quand il y avoit quelque tumulte, elle se cachoit sous les lits; qu'elle se prostituoit aux hommes le plus méprisables; qu'un prétendu chevalier François, pensionné de la cour de France pour les injures dont il l'avoit accablée, avoit été dans tous les caffés & les endroits publics de Londres, en disant que, malgré ses habits d'homme & sa croix de St. Louis, ce n'étoit qu'une femme lâche & sans pudeur avec laquelle il avoit couché plusieurs fois, & que, pour ses insolences, il lui donneroit le fouet en pleine rue, si elle n'étoit plus honeste dans ses propos, &c. &c.

Ma fanfarone ne répondoit pas grand-chose à des reproches aussi sanglants. Elle ne nioit pas tous ces faits qui paroissoient incontestables, & se contentoit de dire qu'elle n'avoit pas trouvé qu'il y eut de crime, étant abandonnée par son Prince,

d'offrir

d'offrir ses services à un autre; qu'elle aimoit encore mieux vivre à Londres aux dépens des Anglois, que de trainer ses jours à la Bastille; que, si elle s'étoit cachée dans des *bagnos*, c'étoit pour ne pas avoir le désagrément d'être conduite chez un Juge de paix; qu'à l'égard de ce beau chevalier, c'est un homme sans honneur, qui, comme il le disoit lui-même,

Flétri par son pays pour une cause juste,
N'est aux yeux des Anglois qu'un imposteur grossier,
Un scribe méprisable, un vil aventurier;

& que par conséquent il ne faut point ajouter foi à ses propos & à ses impostures.

Voila comme mon hotesse répondoit aux imputations dont on la chargeoit; je ne suis pas assez habile pour pouvoir juger de la solidité de sa defense, mais ce que je sçais, c'est que les reproches ont fait beaucoup plus d'impression sur moi que la justification, & que j'ai commencé à diminuer de l'estime que j'avois pour mon héroine, &, par suite, de celle que je croyois aussi mériter.

CHAPITRE VIII.

Il va diner chez son Excellence, Monseigneur Benjamin Franklin. Portrait de ce Ministre Plénipotentiaire; ce qui se passe à sa table.

LE lendemain de ces belles instructions que je venois d'acquérir, mon hotesse fut invitée d'aller diner à Paris chés un homme d'une grande réputation,

tion, venant d'une partie du monde bien éloignée de la nôtre, & Ministre Plénipotentiaire d'un peuple considérable qui venoit de se révolter contre sa mere patrie. Je fus charmé de cette visite, parce qu'ayant souvent entendu parler de ce personnage, je désirois le connoitre particulièrement.

Nous nous rendimes donc à deux heures chés son Excellence, que je ne pus bien distinguer qu'à la fin du repas, parcequ'il me fallut un temps assés considérable pour sortir de ma retraite & pouvoir faire l'observateur, en me plaçant sur une fleur qui ornoit les cheveux de ma Cavaliere. Heureusement que je me trouvai nez à nez, face à face de Monsieur l'Ambassadeur. J'avoüe que je ne pus m'empêcher de rire de bon cœur, en contemplant la figure grotesque de cet original, qui, sous l'habit le plus grossier, affectoit de temps en temps le ton & les gestes d'un petit-maitre. Un tint bruni par le soleil, un front ridé, des poireaux sur toute la figure, qu'on disoit être pour lui un aussi bel agrément, que les signes qui caractérisoient le joli visage de Madame la Comtesse du Barry ; un gros & large menton comme sont ceux que l'on qualifie de *mentons de galoche* ; un nez épaté, & des dents que l'on auroit plutôt prises pour des clous de gérofle, si on ne les eut vu fichées dans une machoire épaisse : tel est, à peu de chose près le portrait au naturel de son Excellence. Quant à ses yeux je n'ai pu les distinguer, parceque, comme je l'ai dit, j'étois en face de lui, & qu'il avoit une paire de lunettes acrochée à ses tempes qui lui cachoit un bon tiers du visage.

Je remarquai que les convives étoient assés gais ; l'on rioit beaucoup, & l'on plaisantoit sur le compte de Messieurs les Anglois. Je vis qu'on but treize

santés

ſantés ; &, ce qui me fit plaiſir, c'eſt que la 1ere. & la 2de. furent pour le Roi & la Reine de France mon ancienne maitreſſe, celle que j'ai le plus aimée, & que je n'oublierai de ma vie.

Ces treize ſantés bües, à peu de diſtance l'une de l'autre, tantôt avec du vin rouge, & tantôt avec du vin blanc, rêveillerent la gayté des aſſiſtans ; mon héroine alla ſe placer auprès du maitre de la maiſon, & lui chanta quelques vers de ſa compoſition qui ne m'avoient pas paru bien merveilleux quand elle les avoit faits, mais auxquels on ne manqua cepandant point d'applaudir. Je vis très diſtinctement ſon Excellence, pour remercier ſon Apollon, l'embraſſer avec ardeur, ſans quitter néanmoins ſes lunettes, & lui dire tout bas à l'oreille: " *à ce ſoir, ma divine*, "

J'augurai bien de ces deux mots, & j'eſpera qu'il y auroit un petit tête-à-tête dont je ſerois ſpectateur, ce qui me divertiſſoit beaucoup d'avance ; j'en avois déja vû pluſieurs dans ma vie, & celui-cy, ſuivant mes petits idées, devoit me paroitre très curieux ; mais je fus cruellement trompé dans mes conjectures : & peu s'en eſt fallu que le lendemain de cette fête ne fut le dernier de mes jours.

CHAPITRE IX.

Le Pou perd ſa maitreſſe ; nouvelles infortunes ; déluge univerſel. Ses réflexions ſur l'âme des poux ; Il trouve un nouveau maitre.

MON hoteſſe aprés diner ſe trouvoit incommodée pour avoir bu la valleur de quatre bouteilles, tandis

tandis que son ordinaire n'etoit que de deux. Elle se mit à la fenêtre pour prendre l'air, & fit malheureusement un mouvement un peu trop violent auquel je ne m'attendois pas. Il est bon d'observer que j'étois encore sur la fleur qui faisoit un des ornemens de ma bienfaitrice, & que je n'avois pas eu le temps de pouvoir rentrer dans ma retraite. Ce mouvement imprévu me fit tomber sur un banc de pierre près de la porte de son Excellence; le coup fut rude & métourdit pour le moment: quand je revins à moi, je me trouvai plus embarassé que jamais. Que devenir? J'attendois que quelqu'un vint s'asseoir à mes cotés, pour que j'y pusse trouver un asile; mais ce bonheur n'arriva pas comme je le désirois: une averse affreuse vint au contraire une heure après m'oter toute espérance. A quelles vicissitudes sommes nous exposés, & que de maux nous avons à souffrir dans la vie! Vous en allez voir deux échantillons dans ce chapitre & dans le suivant. Je frissonne encore lorsque j'y pense.

1°. Cette pluye abominable; c'étoit comme un nouveau déluge: une mer orageuse remplissoit toute la rûe; & des torrens, qui tomboient de tous les toits, offroient à mes yeux un spectacle effroyable. Pour surcroit de douleur une goutiere d'une grosseur énorme étoit perpendiculairement au dessus de ma tête, & les volcans d'eau qui en sortoient me plongeoient dans la dernière extrémité: j'avois beau me tapir dans une petite fossette que des enfans avoient probablement faite pour leurs plaisirs sur ce banc, c'étoit comme un abîme dans lequel, continuellement poussé & repoussé par la violence des vagues, tantot je montois au dessus de ce golphe, tantot j'étois replongé jusqu'au fonds. Enfin j'y perdis toute connoissance, j'étois comme

rentré

rentré dans le néant, je ne souffrois plus, ne voyois plus, ne sentois plus.

Je ne puis dire le temps que dura cette cruelle catastrophe ; mais le soleil reparoissant ensuite, plus ardent que jamais, dissipa à la longue les eaux qui avoient probablement couvert toute la surface du globe ; l'abîme ou j'étois se dessécha & la chaleur vivifiante du conservateur de la nature réveilla mes sens engourdis ; je revins enfin de ma profonde létargie ; c'étoit comme une nouvelle éxistance pour moi : la seule différence, c'est que j'étois plus gros & plus puissant qu'au moment de ma naissance, & que je me rappellois encore très distinctement tous les événemens qui m'étoient arrivés.

Mais dans cet assoupissement universel de mes sens & de toutes mes facultés, où étoit alors mon âme, cette substance céleste sans laquelle mon corps ne seroit qu'une matiere insensible & telle que la pierre sur laquelle j'etoit par hazard tombé ? Partageoit-elle l'engourdissement de la machine qui la tenoit renfermée ? Etoit-elle tellement inhérente à mon corps, que, lors de l'anéantissement de celui-cy, elle en dut suivre le même sort ? Pourquoi ne pouvoit-elle plus sentir ? Pourquoi n'avoit-elle plus la liberté de penser ? Qu'étoit-elle alors ? Ou étoit-elle ? Les hommes, d'après les réflexions que je leur ai entendu faire plusieurs fois, prétendent que l'âme est une substance spirituelle distincte du corps & immortelle. Si elle l'est, comme ils le disent & si la preuve de son éxistance réside dans la faculté de penser, il s'en suivroit, que quoique mon corps fut comme anéanti, mon âme auroit toujours dû dans ce moment jouir de sa raison, de son entendement, & ne pas cesser d'éxister, indé-

indépendamment de l'autre substance. Toutes ces idées, que je me forme actuellement, me font croire, que cette âme n'est qu'une chimère; qu'elle ne consiste que dans l'organisation de nos corps, & que, cette organisation une fois derangée, tout est dissipé & rentré dans le néant d'ou il a été tiré.

Je n'ignore pas que les hommes dont l'orgueil & l'amour propre sont inconcevables, se mettent dans la tête que tous les êtres qui ne sont point eux & qu'ils qualifient du nom de bêtes, n'ont point d'âmes & qu'à eux seuls est le droit & l'honneur d'en avoir. Pour expliquer ce qui nous fait agir de telle ou telle maniere, ils nous accordent simplement une faculté qu'ils nomment *instinct*. Mais cet instinct, quel est-il? Comment peuvent-ils y trouver une différence avec celui qu'ils disent être leur âme? C'est ce qu'ils n'ont jamais pu définir jusqu'ici, & qu'ils ne définiront jamais. Ce que je sçais, moi, c'est que nous autres messieurs les Poux nous raisonnons & pensons quelquefois aussi bien qu'eux; & je puis encore ajouter que je ne voudrois pas troquer mon *instinct* contre l'âme de la pluspart d'entr'eux. Mes compatriotes voudront bien me passer cette dissertation qui est en notre faveur; revenons maintenant à mon histoire.

Revenu de ma cruelle létargie, je passai environs 8 heures à me remettre de mes fatigues & à reprendre les premieres forces de la convalescence; en suite l'appetit, ou plutot le besoin vint m'assaillir; c'est une maladie bien cruelle quand on n'a pas de quoi assouvir la faim. Je ne sçavois quel étoit le restaurateur à qui je pusse avoir recours; j'en voyois bien des fourmillieres qui passoient & repassoient

repassoient continuellement, mais aucun ne s'arrêtoit. Telle fut ma position désagréable pendant une nuit entiere, jusqu'au lendemain midi; le mal qui me consumoit alloit toujours en augmentant; & je me voyois au moment, où, sorti d'un naufrage, tel qu'il n'en a jamais existé de mémoire de pou, j'allois périr d'inanition, lorsqu'enfin Dieu eut pitié de sa pauvre créature, en m'envoyant deux braves garçons qui se mirent l'un à ma droite, l'autre à ma gauche. Auquel des deux devois-je m'attacher? Tel qu'un âne, entre deux bottes de foin, j'ai d'abord hésité quelques minutes, enfin je me suis déterminé pour celui qui étoit à ma droite; c'étoit peut-être le sort le plus funeste qui pouvoit m'arriver; mais enfin, ne connoissant ni l'un ni l'autre, je ne sçavois qui méritoit la préférence.

CHAPITRE X.

Il retrouve quelques uns de ses enfans. Ses réflexions Philosophique sur la Mort. Il est prêt à être brulé vif. Il évite ce nouveau danger, & se trouve chez le fameux Caron de Beau Marchais.

CELUI donc qui devint mon hôte paroissoit avoir une forêt bien garnie; c'étoit pour moi un appas très agréable. J'eus beaucoup de peine à gravir au sommet de mon protecteur, mais enfin j'y parvins, & je me trouvai heureux & satisfait pour le moment. Il me servit une table bien approvisionnée: la premiere chose que je fis fut de me régaler: Dieu sçait si j'en avois besoin, & comme je

m'en

m'en donnai. Je crois que, ſans ce ſecours ſi déſiré & ſi long temps attendu, deux minutes plus tard c'étoit fait de ma vie.

Qu'and je me fus bien raſſaſié, je fis quelques pas dans le bois & j'y rencontrai pour mon bonheur, entre un grand nombre de mes freres, trois de mes enfans qui étoient nés ſur la tête du *Toutou* de M. le Premier Préſident, & que je n'avois pas revus depuis.

Mes pauvres enfans avoient eſſuyé bien des tribulations & des infortunes; leurs aventures qu'ils m'ont contées & que je ne retracerai point ici, pour ne m'en tenir qu'à ce qui m'eſt perſonel, m'ont fait verſer des larmes de ſang, en meme-temps que je goutois la ſatisfaction de les revoir & de les preſſer ſur mon ſein. Il faut être pere pour connoitre les différentes ſenſations que j'ai éprouvées en pareille occaſion. " Hélas! mes pauvres enfans, *leur* " *ay-je dit*, nous ne ſommes nés que pour mourir: " une année entiere eſt le plus long cours de notre " vie; qu'eſt ce que ce temps, en comparaiſon de " l'éternité? Si notre âme meurt avec nous, tous " nos maux ſont finis; ſi elle nous ſurvit, peut-être " ornera-t-elle le corps de quelques êtres plus " fortunés. D'ailleurs la mort en elle même n'eſt " rien, un clin d'œil n'eſt pas plus rapide qu'elle;

" Laiſſons au vulgaire des hommes
" Redouter de la mort les piéges imprévus;
" Elle n'eſt point, tant que nous ſommes:
" Quant elle eſt, nous ne ſommes plus.

" Pour nous, mes chers amis, *leur aye-je ajouté*, " oublions le paſſé; regardons le comme un ſonge, " l'avenir eſt incertain; nous ne tenons que le pré- " ſent; ainſi jouiſſons-en, puiſque nous le poſſédons

" &

& chaſſons tous les chagrins & toutes les inquiétudes, qui nous rendent ſeuls malheureux.

C'eſt ainſi que je cherchois à conſoler mes enfans dans le nouvel aſile que je venois de rencontrer. J'eſpérois que mon bonheur ſeroit de quelque durée, mais le ciel en avoit diſpoſé autrement.

Mon hôte étoit un malheureux qui ne m'avoit donné l'hoſpitalité que pour me faire ſouffrir un ſuplice encore plus terrible que celui que je venois d'éprouver; heureuſement que ſans une autre méchanceté qui lui a paſſé par la tête & qui n'étoit point relative à moi, j'ai encore échapé à cette terrible cataſtrophe. M. la Fleur, c'eſt ſon nom, avoit l'honneur d'être valet de chambre; c'étoit un grand gaillard, bien découplé, haut de près de ſix pieds: j'ai toujours remarqué que parmi les domeſtiques une riche taille leur donnoit une três grande conſidération; & la taille de M. la Fleur lui avoit procuré la place de premier gentilhomme de la chambre d'un eſpece de petit Miniſtre en ſous œuvre, qui, par ſon hipocriſie, ſes intrigues & ſon eſprit, étoit devenu une eſpèce de perſonnage fameux, & jouoit une rolle dans le monde. M. la Fleur n'étoit pas content de ſon maitre, car j'entendis, lorſqu'il fut de retour dans ſon grenier, qu'il murmuroit ouvertement contre lui & ſe ſervoit de termes très indécens & très peu convenables à la modeſtie dont ſon maitre ſe parait.

« Cet impertinent, diſoit-il, affecte avec moi « une hauteur qui ne lui convient pas: il ſçait que « nous ſommes parens; ſi je ſuis chez lui, ce n'eſt « point par charité qu'il m'a pris: j'aurois trouvé, « ſi je l'euſſe voulu, de meilleures places aillieurs; « il devroit donc avoir plus d'égards pour moi. « Il me deffend de porter le nom de Caron; voyés « l'impudent! Comme ſi je lui faiſois deshon-

“ neur ! Il eſt plus dans le cas de me faire rougir
“ de honte que moi de lui faire tort. Mon pere
“ valloit bien le ſien ; un ſerrurier vaut bien, je
“ crois, un horloger ; mon pere, ſans me vanter,
“ faiſoit les plus beaux ouvrages du monde. Ma
“ ſœur, toute cuiſiniere qu'elle eſt, a bien raiſon de
“ ne pas le voir ; elle dit qu'*elle n'a pas été blamée*
“ *par arrêt du Parlement* & qu'elle a toujours ſon
“ honneur ; par parentheſe, elle fait bien de le dire,
“ pour qu'on la croye ; pour moi j'ai grande envie
“ de planter mon homme là, & de me mettre à la
“ tête des affaires de Mademoiſelle Fanfan : quand
“ on eſt auſſi bien bati que je ſuis, on ſçait
“ mettre ſon épingle au jeu, & on ſçait l'en tirer
“ à propos chez une actrice d'Opéra. Ne voilà-
“ t-il pas mon animal qui ſonne, comme s'il falloit
“ être à chaque minute à ſes ordres, hébien qu'il
“ attende, je ne ſuis pas fait pour me preſſer pour
“ lui ; il ne veut pas ſeulement me laiſſer le temps
“ de me donner un coup de peigne. Oui, ſonne,
“ ſonne toujours, vas, vas, je ſuis bien mécontent
“ de toi ; pour peu que la moutarde me monte au
“ nez, je t'envoye à tous les diables ; prends-y garde.”

M. la Fleur en étoit là de ce ſoliloque, lorſqu'un autre valet entre. “ Monſieur vous appelle, lui dit-
“ il ; il s'empatience & nous fait tous enrager, allés-
“ y donc, je vous prie. „ “ *Qu'il aille ſe faire* —, ré-
“ pondit mon patron ; comment ! Je ne puis avoir
“ un moment à moi : & que veut-il donc ? Je vais
“ deſſendre & lui parler comme il le mérite. ”

Il deſſendit donc de l'air le plus furieux & le plus mécontent. “ Que demande, Monſieur ? —
“ Où étiez vous donc depuis une heure que je vous
“ ſonne. -- Il n'y a pas quatre minutes que Monſieur
“ a ſonné & j'allois m'accommoder ; je croiois en

„ avoir

« avoir le temps, puisque Monsieur a dit qu'il ne se
« feroit coëffer qu'à deux heures. — Non, je veux
« l'être actuellement. » Le valet s'apprêtoit en conséquence à remplir ses fonctions; deja il avoit mis son tablier; deja ses peignes étoient dans ses cheveux, lorsque le maitre lui dit: „ *je change de sentimens, ce ne sera que pour deux heures.*" M. la Fleur retourna donc à sa chambre, & ce fut là qu'il en dit encore de plus belles contre son parent. Comme il sçavoit défiler le chapelet des sottises de son maitre, & comme il me divertissoit! Mais, tout en grondant & pestant, il lui prit une idée qui me déplut beaucoup. *On ne gagne*, disoit-il, *que des Poux avec cet impertinent, je crois que j'en ai la tête pleine, je ne cesse de me gratter; il faut que je me peigne à fonds.*

A ces terribles mots tout mon sang se gela.
« Voila donc pour le coup mon dernier moment,
« *me disois-je.* O mes enfans, ne vous ay-je re-
« trouvés que pour vous voir périr avec moi; &
« quel suplice affreux on nous présente!" En effet un réchaud plein de feu, que notre bourreau avoit monté, étoit à nous attendre, & à nous engloutir pour jamais.

Le malheureux commence en effet son éxécution. Déja plus des trois-quarts de mes compatriotes & deux de mes enfans sont saisis par ce barbare qui les jette impitoyablement dans les flammes. Chaque suplice, par l'éclat qu'il faisoit, étoit autant de poignards que l'on m'enfonçoit dans le cœur; je souffrois mille morts pour une; j'étois si troublé & si hors de moi-même, que je ne cherchois méme plus à éviter le danger, je fus pris, comme mes camarades dans le redoutable instrument préparé pour notre perte. J'étois déja placé ſur un papier avec huit autres patiens, & nous n'attendions que le moment d'être brulés vifs, lorſque M. la Fleur eut une idée bien flatteuſe pour moi.

" Parbleu, *ſe diſoit il*, Mr. le FAT (il parloit-
" ainſi de ſon maitre) il faut vous apprendre ce
" que l'on gagne à votre ſervice; je veux donc
" vous ſervir un petit plat de mon métier; il faut
" que ces petits Meſſieurs (en parlant de nous) vi-
" vent à vos dépens, je vais donc en orner la tête
" du fameux auteur du *Barbier de Séville*. Quand
" vous ſerez avec vos Marquiſes & vos Ducheſſes,
" il ſera fort joli de vous gratter comme un
" Pouilleux que vous ſerez. Comme on rira de
" vous voir! Quels complimens vous recevrez de
" la belle acquiſition que vous aurez faite, & que
" vous m'en aurez d'obligations! "

Tel fut le projet de cet homme & ce projet fit ceſſer toutes mes terreurs; ce fut un baume ſalutaire qui ſe répandit dans mes veines; je ne pouvois être mécontent que d'une choſe, c'étoit le mépris que ce valet avoit pour moi: mais, dans un moment où il me rendoit la vie, je n'y regardai pas de ſi près.

Alors M. la Fleur continue avec plus de courage que jamais à extirper de la tête le reſte des malheureux qui y végetoient encore; il nous réunit tous avec grand ſoin, craignant même de nous faire du mal; nous étions au moins vingt-cinq. Pour nous faire trouver meilleure la table qu'il nous deſtinoit, il crut que nous devions avoir un bon appetit; en conſéquence, après nous avoir retiré tous les alimens qui ſe trouvoient avec nous, il nous enferma dans un papier bien plié & nous mit dans ſa poche, où nous reſtames environ une bonne

heure

heure dans l'espérance d'éprouver un sort plus heureux & plus noble; car j'ai des sentimens; & je le dis à mon honneur & gloire, j'aime beaucoup mieux les maitres que les domestiques. On est aussi bien mieux servi chez eux & on y apprend des aventures & des anecdotes beaucoup plus intéressantes.

Enfin au bout de ce temps M. la Fleur fit ce qu'il avoit dit; il nous plaça dans le nouveau domicille qu'il nous avoit destiné, & eut l'attention de nous fournir une ample provision de vivres.

CHAPITRE XI.

Le petit Ministre; son apotéose par lui même; ses grands exploits; il gouverne la France, ses quatre Sécretaires, son Aumonier. Il va à l'opéra, s'y fait admirer, & finit sa journée chez Madame Gourdan.

Mr. LA FLEUR avoit bien raison de dire que mon petit Ministre étoit fat & impertinent; mais cela ne suffisoit-pas; il pouvoit dire le plus fat, & le plus impertinent qu'il y eut en France; jamais je n'ai vu son égal, quoique j'aye connu bien du monde. J'en puis parler pertinemment, car je m'étois placé justement au milieu de sa tête au point de réunion de toutes les idées qui s'y formoient, & rien ne me divertissoit d'avantage. Je ne bougeai point de mon poste pendant le temps que je restai dans cette habitation; je laissois mes

 camarades

camarades s'arrenger comme ils le vouloient; ils ſe marioient, ils faiſoient des enfans; mais moi, plus occupé qu'eux, je m'inſtruiſois, je raiſonnois, & philoſophois.

Mon important Petit Maitre dina le premier jour que je fus avec lui, ſeul, contre ſon ordinaire, à ce qu'il m'a paru. Après ſon repas, il s'enfonça dans une grande bergere, les pieds ſur un couſſin de velours, & ſe rappelloit avec plaiſir le haut point d'élévation où il étoit monté, *diſoit-il*, par ſon mérite. Voici, à peu près, le réſumé des obſervations qu'il faiſoit ſur lui-même.

" Je ſerai certainement plus célèbre & je mé-
" rite plus de l'être que les plus puiſſants Miniſtres
" de bien des empires, & que même pluſieurs Mo-
" narques qui ont eu de la réputation & qui ne la
" devoient ſouvent qu'à leur naiſſance & au hazard
" d'avoir rencontré de grands généraux d'armées
" & des gens inſtruits. Pour moi, je ne dois ma
" fortune & ma réputation qu'à mon ſeul mérite
" & à la profondeur de mon génie. Mon hiſtoire
" ſera ſurement très curieuſe & très intéreſſante;
" mais il faudroit pour la faire un écrivain digne
" de moi, & où le trouver? Sorti du néant (ce que
" je ne dis pourtant qu'à moi) quelles difficultés
" n'a-t-il pas fallu ſurmonter pour m'élever au
" point où je ſuis! Un corps entier de la Magiſ-
" trature a voulu me perdre, je l'ai écraſé. Mon
" eſprit aſſendant & mes ſarcaſmes m'ont attiré
" d'abord l'amitié des Princes du Sang & des plus
" grands Seigneurs du Royaume, & enſuite les
" regards & l'admiration de tout le public *étonné*
" *& enchanté de me poſſeder.* Il n'exiſtoit qu'un
" Voltaire: ce Dieu n'eſt plus; on me donne ac-
" tuellement ſa place. Il n'eſt point, dit-on, actu-

" ellement

" ellement de plus grand Génie dans l'Europe que
" le mien. JE GOUVERNE UNE VIELLE COMTESSE;
" j'ai pris ſur elle un aſſendant irréſiſtible, & lui
" fais faire tout ce que je veux; *cette veille femme*
" *mène ſon vieux mari par le bout du nez*; ce
" vieux bon homme, ſans avoir le titre de Premier
" Miniſtre de la France, n'en à pas moins tous les
" pouvoirs, & éxerce, lui ſeul, toute l'autorité du
" Roi; me voila donc, par le fait, preſque LE SOU-
" VERAIN DU ROIAUME. C'eſt moi qui ai fomenté
" la rébellion des Amériquains, j'ai fait la guerre
" avec les Anglois, & j'en attends une fin, qui, por-
" tant ma gloire au plus haut dégré, fera en même
" temps le bonheur de ma nation; je viens de
" forcer l'Empereur à accepter les propoſitions de
" paix que je lui ai impoſées, le ménaçant, ſans
" cela, de me réunir au Roi de Pruſſe. J'ai fait
" donner à *Sartine* le département de la Marine,
" à *Necker*, celui des Finances, à *Amelot* celui de
" Paris; les gens de lettres m'eſtiment, le peuple
" m'adore & les grands me craignent; j'ai toutes
" les lettres de cachet à ma diſpoſition. Gare à
" ceux qui me provoqueront; ils ſeront terraſſés a
" l'inſtant & je forcerai ainſi mes ennemis à ſe taire
" & à me redouter."

Il ſonne dans ce moment & demande à ſon portier les invitations qu'on lui avoit envoyées. On les lui préſente. —" Voyons, dit-il, s'il y à quelque choſe qui me convienne.

" LE DUC DE CHARTRES, *pour ce ſoir*..... La
" Ducheſſe en ſera, il faudra être trop réſervé &
" trop raiſonnable; je veux aujourd'huy de la
" gayeté; je n'y irai point.

" LE PRINCE DE CONTY *m'attend à ſa loge à la fin*
" *de la comédie*. Il poura m'attendre longtemps.

" *La petite* FANIER.... Toujours avec son *Do-*
" *rat*; ce sont les deux doigts de la main. Ils
" sont inséparables; je ne veux point nuire à leur
" bonheur.

" L'AMBASSADEUR D'ESPAGNE..... Ce n'est
" point chez lui que je trouverai de l'amusement,
" mais il faut que je lui parle pour affaires; il at-
" tend toujours ce manifeste; je vais lui mander
" que je l'aurai fini demain, qu'il peut passer chez
" moi mardi à dix heures.

" LA COMTESSE SEMPITERNELLE.... Non,
" ma chere, pour aujourd'huy, mais demain je
" serai à votre lever.

" AMELOT.... Aura-t-il des filles ce soir? Cela
" pouroit très bien être, j'y vais passer pour m'en
" informer.

" *Madame la Comtesse de Gourdan.* Oh, oh! voy-
" ons: .... *Du nouveau..... deux: ... Quinze*
" *ans .... Des boutons de roses prets à s'épanouir.*
" .... *Me voila décidé.*

" *Où est mon premier sécretaire?* — Monsieur, il
" n'est pas revenu de chés M. de Sartine. — *C'est*
" *bon: où est le second?* — Il est renfermé depuis deux
" heures dans son cabinet avec son Excellence
" Monseigneur de Francklin — *Et le troisiéme?* —
" Il est sorti, en disant qu'il alloit donner des in-
" structions de votre part au Ministre de la Guerre.
" — *Et le quatrieme*--Il a grande compagnie aujour-
" d'huy chez lui, & doit donner un bal ce soir, de-
" sorte qu'il n'est pas visible pour le moment. Il
" *me faut pourtant quelqu'un pour le présent. Allés*
" *me chercher mon Aumônier.*"

L'abbé vint. Mon ami, lui dit mon maitre, voici plusieurs lettres, lisés-les, & repondés-y ce soir: c'est un service que vous rendrez à mes com-

mis

mis qui sont tous occupés, & dont je vous sçaurai gré, car j'ai tant d'affaires pour le moment que je ne puis me mêler de ces bagatelles. Faites partir ces réponses aussitôt qu'elles seront finies; je vais présenter mes homages à la Reine. "*Mais,*
" *Monsieur*, dit l'Aumonier, *que dire dans ces let-*
" *tres?* — *Vous excuserés si je ne puis me rendre aux*
" *invitations; voila tout.* — Et quand les signerez-
" vous, si vous sortez? — *Tenés, l'Abbé, prenes ma*
" GRIFFE;* *servés-vous-en, mais n'en abusés pas.*"

Ces ordres ainsi donnés, mon impertinent s'habilla, mit à son doigt un diamant de plus de 100,000 livres qui lui avoit été donné par l'Impératrice-Reine de Hongrie, monta dans un joli vis-à-vis, & nous conduisit à l'Opéra. Sa Majesté mon ancienne & glorieuse maitresse y arrivoit en même temps que nous, & reçut les acclamations de tout le peuple: j'aurois aussi voulu y pouvoir réunir mes battemens de mains pour lui témoigner mon respect & mon attachement; mais la position où j'étois, étant serré étroittement entre cinq à six cheveux, m'en a oté la liberté.

Mon introducteur fit deux fois le tour des loges: c'étoit l'homme universel, il connoissoit toute les dames qui ornoient le spectacle; tantôt il parloit à l'une à l'oreille; tantôt il baisoit la main de l'autre; il saluoit celle-cy de l'air le plus affable & le plus respectueux; à celle-là il disoit seulement avec un léger signe de tête; "*bonjour la belle*

* Une GRIFFE est un nom estampé, ou empreint: dans tous les bureaux on a ainsi le nom du Roi pour former des *lettres de cachet* dont il n'a pas la moindre connoissance. les Ministres ont aussi leurs GRIFFES, pour n'avoir pas la peine de signer; leurs commis en font autant. il n'est donc pas étonnant qu'un si grand personnage que Beaumarchais ait aussi la sienne.

 enfant;

" *enfant.*" Il se mit ensuite au balcon, se tenoit plus debout qu'assis ; il avoit l'attention de prendre souvent du tabac pour faire briller son magnifique brillant ; bien des hommes vinrent lui parler ; enfin s'il n'a pas été vu & admiré de tous les spectateurs, ce n'a point été de sa faute.

Quand l'Opéra fut fini, il se plaça sur l'escalier pour se montrer de plus près ; tout le monde s'arrêtoit pour lui parler, toutes les dames vouloient l'avoir à souper ; mais il ne pouvoit, disoit-il, se subdiviser à l'infini ; il refusoit avec un air de chagrin & une modestie qu'il sçavoit affecter divinement. Son carosse arriva, il s'élança dedans avec un grace surnaturelle, & nous conduisit à l'hôtel de *la Comtesse de Gourdan.*

Mon paillard fut reçû avec beaucoup de politesse & de prévenance ; on avoit pour lui la plus grande circonspection ; on le fit entrer dans un joli sallon, où les deux *Roses* qui lui avoient été annoncées furent introduites un instant après. " *Venés, mes anges,* leur dit-il, *vous avez l'air* " *craintif ; n'ayés aucune inquiétude ; je veux être* " *votre ami.*"

C'étoit réellement deux figures célestes ; je sortis un peu pour les admirer, & ma curiosité fut amplement satisfaite ; le plus bel incarnat animoit leurs visages : l'une étoit une brune piquante, l'autre une blonde ravissante ; elles étoient toutes deux faites de cire à l'égard des bras, des mains, de la gorge, & des pieds.

Si mon protecteur eut été ecclésiastique, il n'auroit pas manqué de gouter des deux fruits deffendus qu'on lui présentoit ; mais, n'étant qu'un simple laic, tout impudent qu'il étoit, il fit un choix dans les deux, prodigua à sa bien-aimée toutes les caresses

reſſes qui pouvoient la dédommager du ſacrifice auquel elle ſe ſoumettoit; &, après un tête à tête de deux heures; il quitta ſa divinité, & retourna à ſon hôtel où nous nous couchames tous de bonne heure, car il n'étoit que minuit; ce qui lui arrivoit très rarement.

CHAPITRE XII.

Dialogue entre le Petit Miniſtre & le Dr. Benjamin Franklin, rélativement aux projets de la France contre l'Angleterre. Le Pou eſt chaſſé de ſon domicille, il en trouve un d'une condition plus relevée, mais moins avantageuſe pour lui.

LE lendemain matin, on vint annoncer ſon Excellence le Dr. Benjamin Franklin, avant que nous fuſſions levés, ce qui nous empêcha de reſter plus longtemps au lit, où nous commencions à faire encore de nouvelles réflexions. Ces deux hommes d'importance eurent une conférence intéreſſante dont je vais faire le récit tel que je l'ai entendu.

DIALOGUE INTERESSANT.

Le Docteur.

Il faut enfin, mon cher, prendre des arrangemens ſolides, car tout notre temps ſe paſſe à ne rien faire; & cependant les Anglois trouvent continuellement des matelots, ils conſtruiſent des navires, ils arment à force, & nous ſommes ménacés d'être détruits ſans les ſecours les plus puiſſans de la France.

L'Impudent.

L'Impudent.

Docteur, ce que je vous ai promis, je l'ai tenu; 1°. vous avez en Amérique notre flotte du Comte d'Estains qui tient bloquée celle de l'Amiral Biron.

Le Docteur.

Qu'appellez-vous? Mais c'est Biron qui bloque d'Estains.

L'Impudent.

Voilà comme vous ne pouvez jamais rien comprendre dans les affaires politiques; sçachés que ce que je vous dis est juste; vous en verrez des effets avant la fin de l'année.

Le Docteur.

Dieu le veuille!

L'Impudent.

En second lieu, je vous ai promis une nouvelle flotte qui croisera d'abord dans nos parages; nous menacerons les Anglois d'une dessente dans leur pays; cela les intimidera; leur flotte commandée par Hardi n'osera point s'éloigner; c'est tout ce-que nous voulons.

Le Docteur.

Belle avance! Et à quoi cela menera-t-il?

L'Impudent.

A vous soutenir dans votre propre pays; à empecher les Anglois de renouveller leurs forces en Amérique, à vous mettre dans le cas de les prendre par famine, & enfin à les traiter comme vous avez déja traité Burgogne.

Le Docteur.

Dieu le veuille! Mais je crois qu'il vaudroit beaucoup mieux, au lieu d'une dessente en Irlande, conduire à Boston toutes les troupes prêtes à être embarquées; &, avec ce renfort, nous serons surs de de chasser pour jamais les Anglois de tout notre pays.

L'Impudent.

C'est ce que nous verrons, si vous êtes bien raisonnables, & si le Congrès nous accorde que *Sartine* & moi nous demandons depuis longtemps.

Le Docteur.

Je vous ai engagé ma parole; cela doit vous suffire.

L'Impudent.

En troisieme lieu, je vous ay promis de forcer le Roi d'Espagne à déclarer ouvertement la guerre à la Grande Bretagne; j'ai tenu, comme vous voyez, ma parole. N'avez-vous pas plus que vous désiriez?

Le Docteur.

Mais nous étions convenus que la flotte du Comte d'Orvilliers ne se réuniroit point à une division de celle d'Espagne, parceque cela nous sera surement plus nuisible qu'utile.

L'Impudent.

Mon cher, vous avez la vue courte, on le voit bien; vous n'allez pas plus loin que le bout de votre nez; je ne puis vous en dire d'avantage. A propos, je vous prie, comment trouvez-vous cette justification du Roi de France à la face de toute l'Europe?

Le Docteur.

J'avoue qu'on ne peut guères mieux soutenir une plus mauvaise cause; mais je crois qu'on auroit mieux fait de garder le silence, parceque cela mettra les Anglois dans la nécessité de répondre; & ils ont tant de choses à dire!

L'Impudent.

Oui, mais non pas avec autant d'esprit & d'élégance.

Le Docteur.

Le Docteur.

Il paroit que la tête vous démange beaucoup. Seriez vous par hazard électrisé ?

L'Impudent.

Je me suis un peu amusé hier au soir à cette occupation, & je ne m'en suis pas mal trouvé cette nuit.

Le Docteur.

Il falloit me prévenir ; vous sçavez que je ne suis pas ignorant dans cette partie ; je vous aurois fait voir de belles choses.

L'Impudent.

Si vous voulez, ce soir, je vous en ferai voir de bien plus belles.

Le Docteur.

J'y consens : à quelle heure & où ?

L'Impudent.

J'irai vous prendre à huit heures, attendés-moi.

Alors ils se quitterent ; mon protecteur mécontent des légers frottemens de mes camarades qui paturoient en lieu gras, y mit la main & fut très surpris d'y trouver un Pou. " *O Dieu !* dit-il, *une* " *pareille infection chez moi ! Ce sera cette malheureuse* " *d'hier au soir qui m'en aura fait présent.* " Il fait alors venir son valet de chambre, se fait peigner à fond & nous fumes faits tous prisonners de guerre. Comme nous ne nous rendimes qu'à la derniere extrémité, on n'eut aucun égard au droit des gens : &, à mésure que l'on mettoit la main sur quelques uns de nous, on nous plongeoit dans un bassin d'eau. Je ne croiois point en réchapper ; je luttois bien contre les flots, mais je ne le faisois que machinallement, & je me voyois de nouveau à mon dernier moment, lorsque M. la Fleur voulut nous

jetter

jetter dans des commodités à l'Angloise qui se trouvoient près du cabinet de toilette de Mr. *l'Impudent*. Mes compatriotes furent tous engloutis pour jamais; mais, par un bonheur inattendu, je tombai sur le bord du précipice, on ne fit point attention: il ne s'agissoit que de sçavoir que bon Chrétien viendroit me sauver; peut-être devoit-ce être un domestique, race que j'ai toujours maudite; mais j'ai été plus heureux; un véritable Ministre qui avoit à Monsieur *l'Impudent* l'obligation de sa place; vint me tendre une main propice & bienfaisante, une heure après le danger que je venois d'éprouver.

CHAPITRE XIII.

Projet du Ministre de la Marine pour partager la Grande Brétagne, entre la France, l'Espagne & le Congrès. Dialogue entre un Commissaire de Marine & son ami sur l'état actuel de la Marine Françoise & les abus qui s'y trouvent.

MON libérateur avoit depuis deux jours un projet dans la tête qu'il ne pouvoit effectuer qu'après l'avoir fait approuver du Comte de Maurepas; mais, avant tout, il falloit que mon dernier maitre l'eut gouté & fait gouter à la Comtesse *Sempiternelle*. Voila pourquoi il étoit venu lui rendre de bonne heure une visite.

Je

Je n'ai guères pu comprendre qu'elles étoient toutes les vues politiques de ce vaste Génie, car la conversation s'étoit passée, lorsque j'étois au sécret; &, quand je parvins au point le plus élevé de mon Protecteur, je fus très surpris de voir que toute la forêt qui faisoit le plus bel ornement de sa tête sublime, étoit empruntée; pas un seul arbre n'étoit de lui. ils étoient plus blancs que blonds, & totalement dessechés; enfin, pour me servir du mot tecnique usité parmi les hommes, c'étoit une perruque d'un volume considérable, qui, tapée & retapée tant qu'il avoit été possible, & poudrée à blanc, présentoit une figure bizarre & extraordinaire; elle étoit de l'espèce de celles que l'on nomme à Paris *perruques à la* Sartine. Le vuide qui se trouvoit entre la coëffe de la perruque & la tête de mon nouveau maitre m'a empeché de pouvoir connoitre distinctement tout ce qui se passoit dans son esprit; j'ai sçû seulement en gros qu'il s'agissoit *d'un traité de partage entre le Roi de France, celui d'Espagne & le Congrès Amériquain*, par lequel, après que l'on se feroit emparé de toute la Grande Brétagne, & pour ne plus entendre parler de cette Puissance si formidable sur mer, on la divisoit en trois parties; le Roi de France devoit avoir l'Angleterre proprement ditte, l'Espagne auroit l'Irlande, & l'Ecosse étoit le lot de Messieurs du Congrès. J'ai été aussi instruit très particulièrement que Mr. l'Impudent devoit être nommé *Gouverneur pour le Roi de la ville de Londres*, parce qu'il connoissoit déja cette ville où il avoit beaucoup d'amis, & que d'aillieurs il falloit lui promettre une récompense proportionné à son zêle & à l'importance de l'entreprise. L'Impudent a paru applaudir à l'exécution d'un projet aussi noble

&

& aussi avantageux à sa patrie & à lui même. « *Mais*, ajoutoit-il en badinant, *où pouray-je me* « *loger à Londres avec cette dignité; le Palais de* « GEORGE III. *n'est pas digne de recevoir, tel qu'il est*, « *le Gouverneur du Roi de France.*" — *C'est ce que* « *nous verrons alors*, répondit Mr. le Suffisant; « *chaque chose amène son temps*.

Je donnai à mon libérateur dans ce moment un nom qui prouve de l'ingratitude de ma part; mais deux petites réflexions serviront à me justifier: la premiere, c'est que je ne dois lui sçavoir aucun gré du bienfait qu'il m'a procuré, parceque certainement il n'avoit pas l'intention de me sauver la vie, ne sçachant même pas que j'éxistois; la seconde, c'est que je suis vrai & franc, & je n'aime point à déguiser mes sentimens. Ces deux observations que je fais ici en passant pourront également s'appliquer à tous les autres évènemens dont je parlerai par la suite.

Après avoir un peu plaisanté sur la difficulté de trouver des logemens convenables à Londres, mes deux héros se séparerent, & mon protecteur remonta dans sa voiture, où il lui arriva un petit accident qui me fit le quitter bien vite. En voulant relever l'édredon de son coussin, un léger mouvement du carosse fit que sa perruque fut froissée du contrecoup; &, comme elle avait perdu de son éclat, il fallut retourner à l'hôtel, où Monseigneur en prit une autre toute fraiche, & me laissa seul sur celle qu'il venoit de quitter.

Que fit-on de cette derniere qui me servoit d'Azile? Une espèce de valet de chambre la mit sur une tête de bois, chose que je ne connoissois point auparavant & qui me surprit, car c'étoit purement une machine qui ne pensoit, n'agissoit, & ne remuoit

 aucunement;

aucunement; j'ignorois encore quel étoit l'usage d'une pareille figure humaine, lorsque je vis un vieux Commissaire de Marine, qui avoit servi pendant plus de trente ans, la regarder fixement & l'entendis dire ensuite à un de ses amis. "*Vois-tu bien cette* "*tête? Si on pouvoit lui donner un corps de la même* "*matiere, & l'habiller tel que le maitre de sa perruque,* "*elle raisonneroit aussi bien que lui sur la Ma-* "*rine.*" Son ami lui demanda alors l'explication de cette comparaison, & le pria de lui dire quels étoient les défauts qu'il avoit remarqués dans cette partie essentielle du Gouvernement.

Comme ils n'étoient pas encore prets d'avoir audiance de ce Ministre, le Commissaire consentit à satisfaire son ami; ils se mirent auprès de moi, &, se voyant seuls, ils parlerent avec liberté, ne se doutant pas qu'il y eut un *Pou* à leurs cotés qui put comprendre & retenir ce qu'ils disoient.

DIALOGUE ENTRE UN VIEUX COMMISSAIRE DE MARINE ET SON AMI.

Le Commissaire.

Connoissez-vous l'ordonnance du grand Colbert sur la Marine?

L'Ami.

N'étant point dans cette partie, je vous dirai seulement que j'en ai entendu parler par des gens instruits comme d'un chef d'œuvre; on m'a ajouté qu'elle avoit servi de modèle pour toutes les autres Puissances Maritimes de l'Europe.

Le Commissaire.

Vous avez raison de dire qu'elle étoit un chef d'œuvre; je vais vous en donner l'essence.

En

En 1689, Louis XIV. forcé d'entretenir des armées de terre formidables, chercha aussi à rétablir, ou créer la Marine en France. Mais pour subvenir aux dépenses énormes que cet établissement devoit entrainer, il falloit une économie extrême & soutenue. Cette économie devoit être le fruit de la plus grande intelligence & de l'activité la plus infatigable dans les personnes chargées de ce travail immense; mais où les trouver, ces hommes si laborieux? Ce ne pouvoit être dans la noblesse, destinée aux fonctions brillantes de la guerre & du commandement: des officiers militaires, sans cesse obligés de s'éloigner des ports & des arsénaux, ne pouvoient se livrer à cette administration paisible & continue, & à tous les détails de la construction & de l'équipement des vaisseaux. On forma donc un corps toujours subsistant pour la manutention intérieure.

L'Ami.

N'est-ce pas le corps de l'Administration dont vous voulez parler?

Le Commissaire.

Vous avez raison; mais dans le commencement qu'il à été établi, on le nommoit *la Plume*, par contraste avec *l'Epée*. Pour entrer dans ce corps, il falloit avoir des connoissances, des talens, & beaucoup d'ardeur pour le travail. Comme les fonctions aux quelles il étoit destiné se multiplioient & se varioient à l'infini, il falloit aussi un très grand nombre de sujets pour les remplir. Les fonds de la Marine n'étant point suffisans pour payer ce corps à proportion de ses services, on n'y donna que des appointemens très modiques, mais on compensa par les honneurs & la considération ce qu'on lui refusoit du coté de la fortune; on commença par

 le

le souftraire à l'autorité de l'épée; on excita son émulation, on y établit des grades & une hiérarchie dont voici la gradation. *Ecrivains*, *écrivains principaux*, *Commissaires ordinaires*, *Commissaires-généraux*, *Intendans & Conseillers d'état*, *avec la perspective de parvenir au Ministere.*

L'Amie.

Voila un ordre admirable, & qui auroit bien du enflammer les cœurs de tous ceux qui composoient le corps de la *Plume*.

Le Commissaire.

Ce n'est pas tout: on ajouta depuis le grade d'*élève* avant celui d'*écrivain*; c'étoit une école dans laquelle il falloit passer avant que d'entrer dans le corps de la *Plume*, qui, dès lors, se trouvant égal en nombre de grades à celui de l'épée, marchoit parallelement avec lui. L'Eléve avoit rang de Garde-Marine; l'Ecrivain, d'Enseigne; l'Ecrivain Principal, de Lieutenant; le Commissaire, de Capitaine; le Commissaire-Général, de Chef d'Escadre; & l'Intendant, de Lieutenant Général.

L'Ami.

Mais quelles étoient positivement les fonctions des officiers de la *Plume*?

Le Commissaire.

Elles étoient considérables; les voici: 1° la visite, l'achat, la recette & l'emploi de toutes les matieres servant à la construction, à l'équipement, & à l'armement des vaisseaux; 2° l'admission, la formation, la police & la levée des matelots.

Dès que le vaisseau étoit armé & en mer, le Capitaine devenoit dès ce moment le maitre absolu dans son bord; & l'officier de plume n'étoit plus que l'économe des effets du Roi, & l'historien

rien des fautes, ou des succès des représentans de Sa Majesté.

L'Ami.

Combien cet équilibre salutaire dura-t-il de temps ?

Le Commissaire.

Il a subsisté, mon cher, jusqu'au Regne de Louis XVI, à quelques modifications près. Par exemple, ce fut le Duc de Praslin qui donna à la *Plume* le titre plus honeste de Corps d'Administration; & depuis, sous le Ministere de M. de Boynes, on accorda à plusieurs de mes confreres, ainsi qu'à moi, des croix de St. Louis.

L'Ami.

Qui donc dérangea cet ordre & cette harmonie si intéressante ?

Le Commissaire.

Hélas! Vous devez bien vous en douter; c'est le Porteur de cette perruque. Cet homme, d'abord simple Conseiller au Chatelet moyennant une finance de 125 Louis, étoit parvenu au grade de Lieutenant de Police, c'est-à-dire du troisieme Commis du Prévôt de Paris; il devoit rester dans ce poste qu'il remplissoit assez bien au désavantage des filoux. Quoique d'origine Espagnol, il n'avoit point la fierté, ni l'arrogance de ce peuple; il étoit au contraire bas & rampant; il s'étoit enrichi dans sa place de Lieutenant de Police par toutes sortes d'intrigues & de malversations qu'il pouvoit facilement voiler; il étoit sous différens prête-noms, & sans débourser un sol, associé à des communautés de marchands & de fabriquans, à des entrepreneurs à qui il faisoit avoir des privileges; & c'est par toutes ces voyes ténébreuses qu'il étoit devenu seigneur suzerain de plus de 200,000 l. de

 rente,

rente, tandis qu'avant sa Lieutenance de Police il ne jouissoit pas de 1200 l. de revenus. Tel est le personnage qui, ne connoissant que les tours des filoux, & la maniere d'avoir des espions, est devenu tout à-coup, Premier Ministre de la Marine, sans avoir jamais vu d'autres navires que dans des tableaux, ou des gravures.

Porté a un grade auquel il n'entendois rien, il a été obligé de s'en rapporter à des protégés dont il à suivi les conseils. Ces Mentors, se trouvant positivement dans le parti de l'Epée, ont fait entendre à leur vieux Télemaque qu'il passeroit pour plus sage & plus intelligent que tous ses prédécesseurs s'il vouloit détruire & renverser ouvertement le sistême & les principes du grand Colbert & former un nouveau code de Marine.

L'Ami.

Voila positivement le portrait qu'a fait prophètiquement Gresset:

« Des protégés si bas, un PROTECTEUR SI BETE! »

Et comment donc s'y sont-ils pris dans cette noble entreprise?

Le Commissaire.

C'est ce que je vais vous apprendre: ces Messieurs firent d'abord supprimer le Corps des officiers de l'Administration & celui de l'Epée fut chargé de remplir la destination de la *Plume* dans toutes les parties du service; on a laissé néanmoins à quelques uns de l'ancienne Administration les registres & la caisse de la Marine quand ils sont à terre; mais seulement pour écrire sous la dictée des officiers & fournir des fonds à leur volonté; ils sont absolument exclus de toutes fonctions sur mer. Tel est le

résultat

résultat de plusieurs Ordonnances multipliées & très diffuses rendues par le nouveau Ministre de la Marine depuis 1776.

L'Ami.

Faites moi sentir, je vous prie, tous les abus & les inconvéniens qui résultent de ce bel établissement.

Le Commissaire.

Ils fourmillent; je vais vous en expliquer les principaux.

1°. En confiant ainsi aux officiers militaires de la Marine, la direction des travaux rélatifs à la construction, au gréement & à l'équipement des vaisseaux, on les suppose plus instruits dans la théorie qu'ils ne pouvoient l'être du temps de Louis XIV. mais cette supposition est bien éloignée de la réalité; je soutiens au contraire qu'il regne dans le corps de l'Epée beaucoup d'ignorance qui résulte nécessairement de la maniere de recevoir & d'instruire la jeunesse destinée à la profection de la Marine; la condition de ne prendre les Gardes de la Marine que dans la noblesse, & le préjugé qui mettant ce service au dessons de celui de terre n'y destine que les cadets, ou les gentilhommes sans fortune, ces deux considérations, jointes à la nécessité d'y entrer de très bonne heure pour obtenir des grades longs à parcourir, font que ces enfans, arrivant dans les ports, sçavent à peine lire & écrire, & sont dénués de ces connoissances préliminaires qui répandent dans les autres la méthode, l'ordre & la clarté, choses indispensables dans le travail de l'esprit.

2°. Le métier d'un excellent marin, est si difficile par lui-même, & demande un pratique si constante, que c'est lui faire beaucoup de tort en le chargeant d'occupations sédentaires.

 3°. Les

3°. Les détails minutieux, dans lesquels l'Administration étoit obligée d'entrer, seront souvent interrompus quand ce seront des officiers de mer qui s'en chargeront; & par conséquent toute la partie essentielle de la *Plume* cesse & s'anéantit.

4°. On sçait que l'esprit économique ne peut se supposer dans ceux contre qui il est spécialement dirigé; cependant, d'après le nouveau sistême, le corps de l'Épée n'étant plus surveillé par l'Administration, n'étant comptable de rien, n'envisageant que le brillant de son expédition & sa commodité personnelle, se trouvant à même de se pourvoir en abondance & sans opposition de qui que ce soit, ne se refusera rien: les choses nécessaires ne lui suffiront point, il se pourvoiera du superflu avec un excès de luxe très dangereux; il s'adonnera à la mollesse, manquera de cette vigilance continuelle, qualité essentielle d'un chef à la mer; & gare à une défaite à la premiere action sur mer qu'il y aura.

5° Quel tort énorme n'en resultera-t-il pas pour le Roi par la négligence, le gaspillage, & les déprédations que l'Administration n'est plus chargée de contenir?

M. le Commissaire alloit continuer, & j'en aurois appris bien d'avantage, car il paroissoit très instruit, lorsqu'un laquais vint prendre mon asile; on le mit avec son contenu dans une boëte, que l'on portoit je ne sçavois où, ce que je n'ai appris qu'au bout de cinq à six heures, lorsqu'on m'a rendu à la lumiere.

CHAPITRE XIV.

Changement de ſituation. Dialogue très curieux de M. Benjamin Le Franc *& ſon Voiſin au ſujet du Docteur* Franclin, *de ſes aventures, de ſon économie, de ſon électricité, & de ſon élévation.*

JE vis une ſalle baſſe meublée comme je n'en avois jamais vüe. C'étoit à l'entour des murailles un triple rang de ces forêts poſtiches, telles que celle où j'étois, mais cependant dans différentes formes; les unes étoient rondes, d'autres avoient des paquets d'arbres réunis qu'on nommoit des marteaux, parce qu'étant bien preſſés & maſtiqués ils étoient durs comme du fer; celles-cy avoient leur garniture poſtérieure d'une longueur démeſurée, dont le bout cependant étoit cerclé; on pretend qu'elles donnoient de la raiſon à ceux qui les portoient, & une capacité ſuffiſante pour décider de la vie & de la mort de leurs concitoyens; celles là, à peu près dans le gout de la mienne, étoient deſtinées pour Meſſieurs de la Faculté, & leur donnoient l'intelligence d'approfondir les ſécrets de la Nature & les cauſes de tous les maux qui affligent le genre humain, ſans cependant pouvoir y remédier efficacement.

Dès que la mienne fut préſentée, le maitre de la maiſon la mit honorablement ſur la plus belle tête de bois qu'il y eut dans la boutique, & la fit placer avec diſtinction ſur une tablette. Je vis pluſieurs étrangers entrer & ſortir de cette ſalle, les uns pour ſe faire enlever juſqu'à la racine, avec un inſtrument d'acier, ces tiges qui ſont cependant créés pour faire le plus bel ornement de leurs figures ; les autres pour simétriser & nourir les arbres de leurs forêts. Ces Messieurs n'étoient point les premiers financiers de Paris ; leur parure n'étoit pas recherchée ; ils ne paroissoient non plus avoir beaucoup de politesse, ni profiter d'une éducation brillante ; mais ils paroissoient contens, ils rioient de bon cœur, ils avoient un esprit naturel qui suppléoit au défaut de la civilité & qui ne laissoit pas que de me divertir.

Un d'entr'eux cependant, plus instruit que les autres, raisonnoit beaucoup sur les loix & la coutume de Paris qu'il paroissoit connoître ; il avoit été, à ce qu'il disoit, Clerc de Notaire, ensuite de Procureur, & insensiblement il étoit parvenu au poste honorable de Commis d'un Sécretaire d'un Conseiller de Grand-Chambre ; il m'a beaucoup diverti par le raisonnement suivant, qui avoit une très grande analogie avec celui que faisoit M. l'Impudent *qui gouvernoit une vieille femme, qui gouvernoit un vieil homme, lequel gouvernoit à son tour*, &c. Voici celui de ce petit Magistrat.

« Le Parlement de Paris représente le Roi ; la « Grand-Chambre de ce Parlement est celle où l'on « juge les affaires les plus importantes concernant « l'honneur & la fortune de tous les François ; le « rapporteur de chaque procès, par la tournure « qu'il lui donne, fait pancher la balance comme il « veut, pour où contre ; le rapporteur le plus oc« cupé de la Grande-Chambre est M. l'Abbé P....r ; « il a trop d'affaires pour pouvoir les examiner par « lui-même, & s'en rapporte à l'extrait que lui en « donne son Sécretaire. Celui-cy, ayant aussi trop « d'occupations, me charge de sa besogne. Je fais « donc les extraits des procès à ma fantaisie & j'y « joins la note du jugement que je crois devoir

« être

" être rendu dans la forme que je prefcris ; mes ex-
" traits font remis au rapporteur qui les lit, ou eſt
" cenfé les lire au Parlement ; la note du jugement
" que je prefcris devient l'arrêt définitif ; confé-
" quemment je fais faire au Parlement ce que je
" veux, & je deviens, fans qu'il s'en doute le maitre
" de l'honneur, de la fortune & quelquefois même
" de la vie de mes concitoyens. "

La converfation fur cet objet ayant ceffée, on raifonna de la guerre, car tout le monde s'en mêle, tant bien que mal ; on étoit encore fur ce chapitre, lorfqu'un pauvre malheureux, mais cependant mis honeftement & qui avoit déja parlé affez bien près d'un quart d'heure, prit le rafoir des mains d'un garçon de la boutique ; il fe rafa fans favon, fe donna enfuite un coup de peigne bien léger, mit très modeftement de la poudre fur fes cheveux & enfuite vint fe remettre auprès de moi pour continuer la converfation qui l'intéreffoit, & que voici.

Dialogue entre Benjamin le Franc et son Voisin.

Le Voifin.

Il paroit, Monfieur, que c'eſt par économie que vous êtes fi réfervé dans votre parure.

B. le Franc.

Vous croyez badiner, mais rien n'eſt plus vrai ; Monfieur (parlant du maitre de la maifon) veut bien me permettre de venir ainfi faire ma toilette chez lui deux fois par femaine, & il ne m'en coute qu'un fol, chaque accommodage.

Le Voifin.

Il paroit que vos reveaus ne font pas bien confidérables.

B. le Franç.

B. le Franc.

Je n'ai que 119l. 10s. par an ; ce qui me fait justement par jour 6 sols.

Le Voisin.

Et comment pouvez-vous vous soutenir avec si peu?

B. le Franc.

Très bien ; vous n'êtes pas habitué à vous contenter de peu ; pour moi, je suis un tiers plus riche que ne s'est trouvé pendant longtemps un homme de très grand mérite, d'un génie supérieur, & qui est actuellement Ambassadeur à la Cour de France.

Le Voisin.

Vous me surprenez ; nommés le moi donc, je vous prie.

B. le Franc.

C'est le Ministre Plénipotentiaire du Congrès Amériquain.

Le Voisin.

Quoi ! Le fameux Docteur Benjamin Franklin.

B. le Franc.

Lui-même. Il n'a eu pendant longtemps que 4 sols par jour, & il étoit heureux.

Le Voisin.

Je l'avois cru médecin. Pourquoi donc prend-il le titre de Docteur ?

B. le Franc.

On peut être Docteur dans toutes sortes de professions, il ne s'agit que d'y exceller. *Docteur*, veut dire docte, sçavant ; & je suis très surpris que les médecins se soient arrogé cette prérogative, car il y à parmi eux de grands ignorans.

Le Voisin.

D'après ce que vous dites, je ne suis point surpris que les médecins se soient attribué cette qualité,

lité, mais ce que je ne puis concevoir, c'est que le peuple ait été assez simple pour la leur donner. Laissons là ces Messieurs; sçavez-vous l'histoire de M. Franklin. Icy l'on en raisonne, tantôt d'une maniere, tantot d'une autre, & l'on n'est certain de rien sur son compte.

B. le Franc.

Très volontiers; je vais vous dire ce que j'en sçais.

M. Franklin est né à Boston de pere & mere qui lui ont donné une très foible éducation, car ils n'étoient pas riches; son premier métier fut d'être ouvrier dans une imprimere. Le voila donc, de fait, devenu *homme de lettres*; car vous sçavez, mon voisin, qu'un imprimeur est, plus que tout autre, *homme de lettres*, puisque sans imprimeurs il n'y auroit pas de livres. Il gagnoit par jour à peu-près son petit écu, & toujours il s'instruisoit par la lecture des livres de la biblioteque de son bourgeois; il aimoit par dessus tout les leçons de phisique de l'Abbé Nollet & ses recherches sur l'électricité; ce fut là son gout, & il s'y adonnoit dès qu'il avoit du temps à lui.

Au bout de quelques années il eut envie d'aller s'établir à Philadelphie, ville beaucoup plus considérable que Boston, & où il pouroit plustôt trouver à faire fortune qu'ailleurs; il s'y rendit donc. Comme il étoit encore jeune, il y dépensa en peu de temps le fruit de ses épargnes & de son économie de Boston, & fut obligé de se mettre chez un autre imprimeur à Philadelphie où il resta environ quatre-ans. Il trouva le moyen d'amasser dans cet intervalle au moins 60 guinées; alors, s'ennuyant de son métier, il fit une découverte importante dans ses observations sur la phisique;

c'est

c'eſt qu'un homme puiſſe vivre, ſe loger, & s'entretenir avec 4 ſols par jour. "C'eſt bon, dit-il, avec " l'argent que j'ai mis de coté je puis aller loin, " en me contentant de ce modique revenû."

Alors il quitta ſon imprimeur, ſe mit dans ſon particulier, & vécut ainſi pendant pluſieurs années avec 4 ſols par jour.

Le Voiſin.

Mais comment donc pouvoit-il faire? Cela me paroit impoſſible.

B. le Franc.

Rien n'eſt plus ample cepandant; il ne s'agit que de vouloir. Mon modêle, car je le regarde ainſi, achetoit pour 3 ſols de pommes de terre, qui lui ſervoient de pain & de bonne chair, le tout enſemble, & il avoit de quoi ſe nourir avec cela pour une ſemaine: un boulanger les lui faiſoit cuire pour un demi-ſol; il achetoit par jour pour un demi-ſol de lait; &, tout compte fait, cela lui faiſoit 7 ſols de dépenſe par ſemaine pour ſa nourriture. Il logeoit dans une guérite à 1 ſol par jour, parcequ'il vouloit être bien & commodément, car il auroit pu avoir un appartement à meilleur marché, s'il l'eut voulu. Il buvoit de la petite bierre & de l'eau. La bierre ne lui revenoit pas à 2 ſols par ſemaine, & il mettoit de coté le reſte pour ſon entretien. Quant à ſon blanchiſſage, il n'avoit recours à perſonne, non plus que pour rapieceter ſes bas & ſon linge.

Calculons maintenant, & vous verrez s'il lui étoit difficile de vivre à ce prix.

Quatre ſols par jour, lui en faiſoient par ſemaine, vingt-huit.

Ses

Ses pommes de terre lui coutoient par semaine, avec la cuisson & le lait—7 sols cy	7s.
Son logement faisoit un objet de	7
Et sa bierre lui revenoit à 2 sols cy	2
Total,	16 sols

Vous voyez que de 28 sols il lui en restoit encore 12, pour faire le grand garçon.

Le Voisin.

Votre compte est clair; il n'y a point à le contredire; mais moi qui gagne un petit écu par jour, j'ai bien de la peine à vivre; comment cela se fait-il donc?

B. le Franc.

C'est que vous n'êtes pas un Docteur comme lui.

Le Voisin.

Mais comment un Gentilhomme de 4 sols par jour à-t-il pu s'élever au point où il se trouve?

B. le Franc.

Cela s'est fait petit-à-petit. Ce gentilhomme est devenu très profond dans l'électricité; il forçoit le tonnere de tomber où il l'ordonnoit, il lui commandoit de s'éloigner, & le tonnere s'éloignoit. Il faisoit des choses surprenantes; il électrisoit un chien de l'autre coté de la riviere, & le faisoit crier, comme un martir, sans que le pauvre chien se doutat de l'auteur de ses souffrances. C'est par ces talens rares & merveilleux qu'il parvint à être nommé collecteur ou receveur des droits du Roi d'Angleterre à Philadelphie, ce qui lui valloit 500 l. sterlings. (environ 12000 l. argent de France) par an.

Le Voisin.

Oh, oh! Cela lui faisoit bien des 4 sols par jour. Et comment pouvoit-il venir à bout de les consommer?

B. le Franc.

B. le Franc.

Il s'en acquittoit le mieux du monde; il avoit une femme, des enfans, du bon vin dans sa cave, du rum, de l'eau de vie, & une très bonne table; il étoit alors zêlé Royaliste, parcequ'il y alloit de son avantage. Il procura à son fils du service dans les troupes; & celui-cy, ferme dans son devoir & son attachement à sa Majesté Britannique, est encore Gouverneur pour le Roi de la nouvelle Jersey. Quant à ses intérêts personnels, il les entendoit très bien & peut-être trop bien, si on en peut juger par ce qui a suivi, car au bout d'un temps assez considérable on le remercia très poliment, & l'on donna sa place à un autre.

Le Voisin.

Il étoit donc revenu à ses 4 sols par jour. Cela devoit lui paroitre très désagréable.

B. le Franc.

Aussi fit-il tout ce qu'il put pour pouvoir être rétabli dans son poste, mais il n'y réussit point; de là vint son animosité & son inimitié contre son Roi, & même contre le Gouvernement Britannique.

Le Voisin.

Mais que fit-il donc pour se soutenir?

B. le Franc.

Ayant vu dans l'électricité qu'il éxistoit du feu en tout & partout, il s'imagina qu'il pouvoit en tirer parti pour vivre sur le *bon ton*. En conséquence il électrisa tous les esprits Amériquains & leur donna à entendre que les douleurs qu'ils éprouvoient leur venoient du Palais de St. Jacques à Londres; que dans ce Palais on avoit résolu de les regarder comme des peuples dans la servitude, & de leur faire payer arbitrairement toutes les taxes & les impôts que le caprice & l'intérêt pouvoient

voient enfanter. Il n'en fallut pas d'avantage pour exciter ces pauvres patiens à la révolte; Benjamin Franklin fut envoyé à Londres pour faire des propositions de leur part qui parurent trop impérieuses & même insultantes à la Majesté du Trone; elles furent rejettées; l'électriseur s'en doutoit bien. De retour dans son pays, il représenta des torts de la part du Gouvernement Britannique qui n'existoient point; il enflamma les esprits, leur conseilla de secouer le joug chimérique de la mere contrée: il leur promit une liberté qui devoit faire leur bonheur & celui de leurs enfans, il voulut bien être leur Législateur, il établit une forme de Gouvernement Républicain; & les mit sous le DESPOTISME DU CONGRES.

Le Voisin.

Mon cher, il paroit que vous faites un beau portrait de votre héros; mais comment prétendez-vous être son imitateur?

B. le Franc.

Ce ne sera certainement pas en cherchant à detourner les François de leur devoir & de leur attachement pour le Roi. Je ne suivrai mon mentor que dans la premiere partie de sa vie, c'est-à-dire, me contentant d'abord de très peu, comme je fais à présent, & m'instruisant dans quelque talent supérieur pour me rendre capable de posséder une bonne place dans les fermes.

M. le Franc ne put continuer, parcequ'on vint lui dire qu'un carosse l'attendoit à sa porte. Un carosse! C'étoit la premiere fois qu'il recevoit un pareil honneur: il quitta donc son voisin, & ne me donna pas le plaisir de sçavoir son histoire particuliere qui devoit être originalle, étant calquée sur un si bon modéle.

CHAPITRE XV.

Notre héros trouve un bon maitre avec qui il voyage ; ils vont à Bruxelles. Dialogue sur l'Auteur des annales du dixhuitieme siecle & sa maitresse, & sur leurs aventures tant à Paris qu'à Londres.

QUAND M. Benjamin le Franc eut fini l'éloge historique de M. Benjamin Franklin, pendant lequel tous les assistans avoient gardé un profond silence, chacun voulut parler, & l'on raisonna sur le bonheur. — Il faut avouer, disoit l'un, que l'on peut vivre de très peu & s'éviter bien des peines, des fatigues, & des embarras. — L'estomac de M. Franklin, disoit un autre, quand il n'étoit qu'à 4 sols par jour, ne consommoit pas moins de nourriture qu'actuellement qu'il a une très bonne table ; & je soutiens qu'il étoit alors plus heureux. — Comment cela, lui demanda le maitre de la maison ? -- C'est, répondit-il, parcequ'il n'avoit point dans ce temps de remords de conscience ; au lieu qu'il *doit avoir actuellement l'âme bourrelée.* —— Non, dit un quatriême, il est des criminels si coupables, que la conscience ne leur reproche plus rien.

Pendant tout ce beau colloque, on prit la perruque où j'étois réfugié, & l'on se mit après. A force de la taper & retaper, on m'en chassa, & l'on me fit tomber sur le peignoir d'un voisin que l'on accommodoit & qui avoit de très beaux cheveux naturels ; j'eus l'adresse d'y pouvoir parvenir avant que sa toilette fut finie & le peignoir oté.

C'est dans ce nouvel azile que je commençai à respirer : je m'y trouvois seul, mais la solitude devenoit

venoit pour moi une consolation & même un agrément. J'avois déja parcouru la moitié de ma carriere pour le moins; la fougue des passions, & la chaleur de mon tempérament étoient presqu'éteintes; depuis quelque temps même je cherchois à être philosophe: maintenant je vais le devenir bien d'avantage.

Mon nouvel hôte étoit prêt de faire un voyage dans les Pays-Bas Catholiques pour voir s'il pouroit s'y placer; & de là, s'il n'y trouvoit rien qui lui convint, il devoit se rendre, soit à Londres, soit à Amsterdam. Comme je n'avois jamais quitté Paris, ni Versailles, je fus enchanté de pouvoir ainsi voyager. Je souhaitois surtout voir l'Angleterre, ce pays ennemi de la France, Souverain des mers, & devenu presque le plus puissant de l'Europe: je sçavois que l'on pouvoit y vivre avec la plus grande liberté; que l'on y rencontroit des hommes, & non des esclaves. Je désirois beaucoup que mon camarade put se décider à se rendre à Londres & à m'y conduire; mais je craignois qu'il ne survint quelque obstacle qui fit évanouir toutes mes espérances; heureusement tout alla au gré de mes désirs, & vous me trouvérez à Londres au Chapitre suivant. Je vais simplement dans celui-cy vous faire connoitre le personnage qui devint mon camarade pour plus de trois semaines, & les aventures qui nous sont arrivées en route.

Ce camarade étoit un homme d'esprit, qui avoit beaucoup lu, étudié, mais qui n'avoit pu faire fortune en France, parceque, disoit-il comme *Jesus Christ*, *nul n'est prophête dans son pays*. Comme il sçavoit assez bien la langue, il s'étoit fait un plan, c'étoit de montrer le François en pays étranger; il avoit plusieurs lettres de recommandation tant pour Bruxelles que pour Londres & Amſterdam; de ſorte que, ne réuſſiſſant point dans un endroit, il pouvoit être plus heureux dans un autre. Je ne pouvois mieux tomber; &, pour qu'il me conſervat avec lui pendant tout le chemin, j'eus l'attention de ne lui faire aucune piquure, de ne le gêner en rien, de me contenter de la ſimple nouriture que ſes perruquiers me préſentoient.

Nous nous mîmes donc en route par la diligence de Bruxelles, où nous arrivâmes le troiſiême jour, ſans qu'il y eut rien d'intéreſſant que j'aye pu remarquer. Le lendemain de notre arrivée dans cette ville, nous allâmes faire une viſite à un réfugié François qui a fait beaucoup parler de lui; il ſe nomme L..g..t. Mon camarade avoit une lettre de recommandation auprès de lui; on nous fit attendre une bonne heure dans une antichambre; aprés quoi nous entrâmes.—*Bonjour, mon ami*, dit-il à mon camarade; *il paroit que votre protecteur ſe porte bien, d'après les nouvelles qu'il me donne de ſa ſanté, je ne demande pas mieux que de vous rendre ſervice, puiſqu'il m'en prie, mais revenés demain; car pour aujourd'huy j'ai trop d'occupations.* Cela ſuffit, Monſieur, répondit mon compagnon; à quelle heure vous plaira-t-il de me donner audiance? *A midi*, repliqua Mr. L..g..; &, en diſant ces derniers mots, il nous laiſſa. Je n'eus pas trop le temps de l'enviſager, parceque cette premiere ſéance fut trop courte; mais je me promis bien de m'occuper ſérieuſement de ſa figure le lendemain.

Mon camarade me conduiſit le ſoir à la Comédie: on nous fit remarquer le Prince *Charles*, Gouverneur General des Pays-Bas, qui y eſt aimé & cheri juſqu'à l'adoration, c'eſt ce que j'ai entendu dire à tous ceux qui nous environnoient.

Au

Au fortir de la Comédie, mon camarade fut conduit par un homme qui s'étoit trouvé auprès de lui au fpectacle dans un efpèce de cabaret que l'on nomme *eftaminée*, où l'on voit bonne compagnie dans le bourgeois. Ils foupèrent enfemble, &, tout en foupant, la converfation tomba fur Mr. L..g..t.

DIALOGUE SUR LE FAMEUX AUTEUR DES ANNALES DU XVIII. SIECLE.

Mon Camarade.

J'ai une lettre de recommandation pour lui; je l'ai déja été voir ce matin, mais il n'a pas eu le temps de me donner audiance & m'a remis à demain.

Le Flamand.

Je le crois bien; il tranche du grand; il fait l'homme d'importance. Comment avez-vous trouvé fon PUITS DE LA VERITÉ?

Mon Camarade.

Je ne vous comprends pas.

Le Flamand.

M. L..g..t eft le feul homme qui ait le courage de dire la VERITÉ dans fes annales; car tous les autres auteurs, & furtout les journaliftes, ne débitent que des impoftures: cette pauvre VERITÉ étoit enfevelie dans le PUITS où la perverfité des hommes avoit forcé cette *Fille du Ciel* à fe retirer. Lui feul a eu la noble hardieffe de lui tendre une main fecourable & de la préfenter, à l'Europe étonnée. Voila pourquoi la maifon de plaifance où il réfide a pris le nom du PUITS DE LA VERITÉ.

Mon Camerade.

Vous parlez, je crois, ironiquement.

Le Flamand.

Je parle d'après lui-même; car je me fers de fes propres expreffions.

Mon Camarade.

Il paroit avoir un peu d'amour propre; mais, dites moi, je vous prie, s'il est aimé dans ce pays, car je sçais qu'il avoit de furieux ennemis en France.

Le Flamand.

Il n'y est point hai, tant qu'il n'y fait point de mal, & qu'il ne cherche point à calomnier notre Gouvernement. Juisqu'ici on n'a guères à se plaindre de lui sur cet objet; il s'est fait le bon ami de l'*Aman* ou Lieutenant de Police de cette ville, en le flattant dans ses Annales: de sorte que, s'il venoit quelques ordres de France pour l'arrêter, son ami le préviendroit; en conséquence il est assez en sûreté pour sa personne; mais ce que l'on n'aime point en lui, c'est que ce *sauveur de la vérité* donne ici le plus mauvais exemple de libertinage qu'il soit possible, en vivant publiquement avec une femme qui passe pour sa maitresse, toute laide qu'elle soit.

Mon Camarade.

Je sçais de qui vous voulez parler; mais à cet égard, il est plus à plaindre qu'à blamer.

Le Flamand.

Comment cela?

Mon Camerade.

Il paroit que vous ne sçavez pas son histoire; je vais vous la conter: mais auparavant dites moi si vous l'avez vue quelquefois.

Le Flamand.

Oui, assez souvent; on les voit de temps en temps à la Comédie ensemble. Voici son portrait, vous me direz si c'est bien elle.

Cette femme, qui peut avoir environ trente-six ans, est un colosse pour la hauteur & la grosseur de sa taille; elle a le front élevé, les cheveux bien plantés, des sourcils larges & bien touffus, de grands yeux très noirs & bien fendus, un gros nez de perroquet, des levres enfoncées, un large menton, & de la barbe comme un Capucin; on pouroit dire que c'est une figure de soldat aux gardes habillé en femme: nos Flamandes ne sont pas en général très propres: mais celle-cy renchérit encore sur la mal-propreté.

Mon Camarade.

Je vois que vous la connoissez bien; voici maintenant comment elle est devenue la maitresse de M. L..g..t.

Celui-cy s'étoit mis à dos tout le corps des Avocats de Paris, le Parlement de *Maupeou*, le Parlement *Hüe*, tous les gens de lettres, l'Académie Françoise & les Ministres. Ne pouvant plus exercer sa profession d'Avocat, ne pouvant plus continuer à Paris son métier de journaliste, & craignant quelque lettre de cachet, il ne sçavoit à quel saint se vouer. Cet *ange femelle*, à qui il avoit rendu des services dans deux ou trois procès, se présenta à lui, & lui dit: " L..g..t, vous " êtes bien embarassé, vous n'avez point d'ar- " gent, & vous ne pouvez rester en France; vous " n'avez de ressource que dans votre biblioteque, " il ne faut pas la vendre; écoutés moi. Vous " m'avez fait séparer d'avec mon mari; je puis " faire de toute ma fortune environ 100,000 l. " comptant; je vous les donne avec *ma per-* " *sonne*, & je suis prête à vous suivre partout."

Elle s'arrête alors, L..g..t se jette à ses genoux, lui témoigne toute la reconnoissance dont il se croit capable: lui voue un attachement sans bornes, & l'assurant de son estime & de son reſpect, lui jure qu'il ſera ſon plus zêlé ſerviteur juſqu'au dernier ſoupir. " A l'égard du reſpect, lui " dit cette dame généreuſe, je n'en éxige pas. Je " ne veux que l'amitié & de l'attachement; &, " comme vous me les promettez, voici notre con- " tract fait; entre honeſtes gens la parole ſeule " ſuffit: mais je vous previens, Mon Cher L..g..t, " que ſi jamais vous me quittez, ce ne ſera " point aux Loix que je m'adreſſerai pour avoir " la vengeance qui me ſera dûe, c'eſt à ma main " ſeule que je m'en rapporterai; un piſtolet ou " un poignard termineront vos jours."

L..g. t ayant renouvellé toutes les aſſurances de ſon zêle & de ſon amitié, nos deux amans quittêrent Paris & même la France. Ils voulurent & ne purent ſe fixer en Hollande, & allerent à Londres, où ils vécurent environ deux ans. Vous ſçavez qu'il n'eſt point de ciel ſans nuage, & qu'il eſt impoſſible qu'un ménage puiſſe ſubſiſter ſans aucune altercation. Il vint une querelle dans celuicy qui brouilla les deux tourterelles: le mâle, peu endurant, gronda; la femelle innocente ne vouloit point avoir tort, &, en cherchant à ſe juſtifier, elle mettoit la faute ſur l'autre moitie d'elle-même. Ma foi cette moitié n'y pouvant plus tenir laiſſa un beau Matin Madame dans ſa maiſon & alla prendre un autre logement en ville.

Madame fut très ſupriſe de ne pas le voir rentrer à la maiſon de la journée; ce fut encore bien pis le lendemain. Elle fit, dès ce moment, toutes les démarches poſſibles pour le découvrir, & y parvint: elle entra avec vivacité dans la chambre où Monſieur travailloit. " *Vous voila donc*, " *M. le J... F....* dit cette colombe animée? Où " ſont mes 100,000l. puiſque vous m'abandonnez? " Je ne puis vous les remettre actuellemen , répon-

di-

« dit L..g..t; mais, si vous voulez, je vous en « ferai la rente. — Ce n'est point là ce qu'il me « faut, reprit la colombe, en tirant de sa po- « che un pistolet à deux coups, & le présentant à « son amant; je veux avoir votre personne morte « ou vive au deffaut de mes 100,000l comptant; « ainsi prenés la peine, Monsieur le drole, de « dire votre *in manus*, ou bien de plier vos papiers « & de marcher devant moi. Allons, dépéchés « vous, je n'aime point à attendre." Le pauvre L..g..t trouva que la raison que Madame avoit en main étoit peremptoire; il reprit promptement ses papiers, les mit sous son bras, fit une révérence à Madame, l'embrassa, & fut ensuite reconduit dans son ancienne maison. Il ne lui est point arrivé depuis de faire une pareille équipée, & bien lui en a pris.

Le Flamand.

Elle le mene tout-à-fait comme un enfant. Bon Dieu! Comment un homme d'esprit peut-il faire de pareilles sottises!

Mon Camarade.

Ce sont souvent les gens qui ont le plus d'esprit qui en font le plus; mais, dites moi, je vous prie; croyez-vous qu'il puisse m'être utile dans ce pays-cy?

Le Flamand.

Peut-être oui, peut-être non; cela dépend de l'intérêt qu'il voudra prendre à vous. Revenés demain à pareille heure icy, vous m'y trouverez, & vous me rendrez compte de ce qui se sera passé.

CHAPITRE XVI.

Examen des paradoxes de L..g..t ſur les Anglois & la guerre actuelle. Pourquoi il eſt dévot. Hiſtoire du Camarade du Pou. Il va à Londres.

CE dialogue ſervit à me faire connoitre le perſonnage en queſtion, & me donna encore plus de déſir de le voir & de l'entendre. Nous ne manquâmes donc pas de retourner le lendemain chez lui à l'heure qu'il nous avoit indiquée. Il dit quelques mots à mon camarade, l'invita à diner, ce que celui-cy accepta, & nous laiſſa, pendant près d'une heure, ſeuls dans ſa biblioteque, où, n'ayant rien de mieux à faire, mon camarade parcourut les Annales de notre hôte, & m'en lut quelques morceaux.

Le premier ſur le quel nous tombâmes fit faire à mon homme quelques obſervations que j'ai trouvé judicieuſes. L..g..t avoit été trois où quatre fois aux ſpectacles de Londres; il y avoit vu jouer quelques Tragédies; mais, ne ſçachant point la langue du pays, il n'y pouvoit rien comprendre. Les acteurs n'étoient pour lui que des eſpèces de pantomines; cependant il s'aviſe d'en devenir le juge le plus rigoureux, & les traite avec la plus grande ſéverité; il les trouve trop emphatiques, trop geſticulant, criant au lieu de parler, &c. &c. Ce n'eſt pas tout: ce Journaliſte oſe mander à ſon tribunal le fameux, l'incomparable Garrick, qu'il n'avoit cependant jamais vu jouer; *mais à en juger*, dit-il, *d'après les acteurs actuels, & en lui ſuppoſant encore plus de grimaces, d'emphaſe d'emphase & de gestes que n'en ont les autres, ce devoit être un Comédien très médiocre, bien audessous de nos François, même les plus foibles.* Voila, suivant mon camarade, un grand ridicule que se donnoit L..g..t. Quoi! Sans voir, sans entendre, il s'avise de juger & de condamner! Quoi! Lui seul aura plus de mérite & de gout que tout le Peuple Anglois; &, pendant qu'on regarde à Londres GARRICK presque comme un Dieu, L..g..t, l'étourdi L..g..t, le met au rang des plus bas Comédiens François. Je ne crois pas après cela, ajouta-t-il, qu'il ait été bien regardé & considéré en Angleterre, & je ne suis plus surpris qu'il y soit resté si peu de temps.

Mon camarade fut très étonné de voir dans une des dernieres feuilles de ce Journaliste qu'il cherchoit à prouver, que ce n'est point la France qui a provoqué la guerre qu'elle à actuellement contre l'Angleterre, & que c'est cette derniere Puissance qui doit s'en attribuer toute la faute. Ce n'est point, dit-il, parceque cet homme est bon François qu'il parle ainsi, ce n'est pas non plus parcequ'il le pense; mais c'est qu'il veut faire valloir son ressentiment contre une Nation qui n'a pas assez apprécié son mérite, & qui ne lui à point érigé de statue.

Nous étions à lire encore les paradoxes de notre hôte, lorsqu'il entra pour prendre mon camarade & le conduire dans la salle à manger.

Quand nous fumes à table, je sortis de ma retraite, &, me mettant sur une des boucles de mon camarade, je pus facilement distinguer l'hôte qui nous traitoit. C'est un homme de 44 ans environ, petit, grêlé de petite vérole; mais il a des yeux vifs, &, quoi qu'il soit réellement laid, il il a, malgré cela, une figure ſpirituelle qui ne déplait pas ; ſon air eſt dur, & il paroit ſe croire plus de talens qu'il n'en a effectivement.

Madame faiſoit les honneurs du repas : je trouvai que le portrait que le Flamand en avoit fait la veille étoit encore flatté, car elle m'a paru bien ſâle & bien mal-propre. Comme j'étois auprès d'elle, il m'auroit été facile de pouvoir y faire mon habitation. Une ſeule conſidération paroiſſoit m'y engager, c'eſt que je vis ſur ſa tête pluſieurs de mes camarades qu'elle entretenoit très bien, car ils étoient gras & bien portans ; mais, outre que la maitreſſe ne me plaiſoit pas, ma ſolitude me parut encore préférable à la ſocieté de mes freres, & j'en voulois gouter toutes les douceurs tant que cela étoit en mon pouvoir ; ainſi, après mes obſervations ſur l'extérieur, je rentrai dans mon hermitage & me mis à entendre la converſation.

J'avoue que je ne ne fis pas une grande attention au ſujet que l'on traitoit ; il s'agiſſoit de Religion, & Dieu ſcait comme le Catholiciſme eut une grande ſupériorité dans la bouche de tous les convives ; j'ai oublié de dire qu'il y avoit à table trois Prêtres qui, par leur état, étoient payés pour vanter la Religion Romaine ; mais ce qui me ſurprenoit c'étoit de voir le maitre de la maiſon renchérir encore ſurtout ce que les Prêtres diſoient.

Mon camarade parloit peu ſur cet article ; il réfléchiſſoit intérieurement, & voici qu'elle étoit ſon idée. "Le pauvre L..g..t ne croit pas un " mot de la Religion Catholique ; il la compare " en lui-même à toutes les autres Religions hu-" maines, & il a raiſon ; mais, s'étant fait des en-" nemis de tous les autres corps de l'état, il a " voulu au moins ſe faire toujours une reſſource

" &

" & s'est jetté du côté du Clergé. C'est là sa sauve-
" garde; cependant, ajouta mon camarade, je le
" blâme & le trouve méprisable de parler ouver-
" tement contre sa façon de penser, & de chercher
" à vouloir prouver aux hommes de ce siècle-cy
" des choses qu'il regarde comme ridicules & ab-
" surdes; c'est un vil métier que celui-là; il est
" vrai qu'il en tire de l'argent. — Je lui conseillerois
" donc, après s'être bien enrichi avec ses Annales
" du dix huitiême siècle, de dire à tout le genre
" humain, *Messieurs vous n'êtes que des sots; n'a-*
" *yant point de fortune, je me suis joué de vos folies*
" *pour gagner beaucoup d'argent. Voila quel étoit*
" *mon but; j'ai réussi; je suis content.*"

L..g..t s'addressant ensuite à mon camarade, lui demanda quelles étoient les occupations qui pouvoient lui plaire, & à quelles études il s'étoit livré jusqu'à ce moment; celui-cy lui conta son histoire dont voici la substance.

" J'ai fait de très bonnes études chez les Peres de
" l'Oratoire, je les ai quittés ensuite pour rentrer
" dans la maison paternelle, mais l'état de mon
" pere, & auquel il me destinoit, n'avoit pour moi
" aucun agrément; il étoit Médecin; je n'aimois
" point à voir disséquer des corps, à assister à des
" pansemens d'opérations cruelles, à voir languir
" des malheureux dans des maladies longues &
" aigues, & ne pouvoir leur donner des remedes
" certains & salutaires. Mon pere lui-même, de-
" puis 30 ans qu'il suivoit cette profession, m'a
" avoué, que la médecine étoit une science occulte,
" impénétrable aux plus grands génies, & que,
" quand quelques uns de ses malades revenoient
" en santé, il ne s'en attribuoit point intérieure-
" ment la gloire, mais à la Nature seule qui avoit
" agi. — En ce cas, lui dis-je, mon pere, puisqu'il

" est

« est impossible de bien remplir cet état, pourquoi « m'y destinez vous ?—Parceque, me répondit-il, « il faut d'abord commencer par soi, & dans notre « état on peut gagner beaucoup d'argent. Nous « ne sommes, il est vrai, que des Charlatans, mais « des Charlatans nécessaires, & dont les hommes « ne peuvent se passer ; ainsi autant vaut que vous « le soyez qu'un autre, puisqu'il vous rapportera « de quoi vivre.

« Toutes ces considérations ne firent aucune « impression sur moi ; j'aimois, préférablement à « tout, les elles-Lettres, la Poésie, & les spectacles ; je fis une Comédie, je croiois que c'étoit un « chef d'œuvre, & la présentai à la Troupe Françoise qui refusa de la recevoir ; je voulus la « faire imprimer, croiant trouver dans le Plublic « de meilleurs juges que parmi les Comédiens ; « l'ouvrage parut donc seulement en étalage devant « quelques boutiques de libraire, mais personne « ne l'acheta. Sçavez-vous pourquoi ? C'est « que je n'en avois point envoyé d'exemplaires « aux faiseurs de journaux & que je ne leur avois « point été rendre de visite ; de sorte qu'ils n'ont « parlé de moi dans aucune de leurs feuilles, & « que le Public n'a pu avoir connoissance de ma « Comédie.

« Cependant mon pere voyant que je n'avois « aucun gout pour sa profession, se facha & me « demanda positivement ce que je voulois faire, « puisque je n'étois pas riche ; je lui dis que je « n'avois d'autre gout que celui de la littérature, « & que je désirois pouvoir m'y livrer. Vous « voulez donc faire le metier d'Auteur, me ré- « pondit-il ; fy, c'est un métier de gueux qui « vous fera végéter, dans un grenier jusqu'au

« moment

« moment où vous mourrez de faim. — Mais, lui
« observay-je, mon pere, il y a des auteurs qui ont
« fait fortune & qui n'étoient rien auparavant ;
« voyés D'Alembert, La Harpe, Marmontel &
« mille autre comme eux. — Ceux que vous me
« nommez là, me repliqua-t-il, sont la fange de la
« littérature, ils ne se sont point élevés par leur
« mérite, n'allez pas vous le figurer ; ce n'est que
« la bassesse, la servile adulation, la flatterie la
« plus méprisable, & des ignominies sans nombre,
« qui leur ont procuré une espèce de fortune qu'ils
« ne méritoient pas ; & j'aimerois mieux vous voir
« apprentif savetier que de suivre de si mauvais
« éxemples. Ainsi déterminés vous pour un mé-
« tier, choisissez celui qui vous plait d'avantage,
« si non je vous abandonne à votre malheureux
« sort, & ne veux plus entendre parler de vous ;
« je vous donne trois jours. — Alors il me laissa.

« Bien incertain sur le parti que je voulois pren-
« dre, je consultai un Pere de l'Oratoire de mes
« amis qui m'engagea à entrer dans la Congréga-
« tion. C'est peut-être la meilleure qu'il y ait
« dans le monde : on ne s'y occupe que de l'édu-
« cation de la jeunesse, on n'y fait point de
« vœux ; vous en sortez quand il vous plait, vous
« n'êtes lié à rien, ne dépendez de personne, &
« vous restez toujours votre maitre ; vous êtes
« seulement obligé de garder le célibat tant que
« vous y demeurez, voilà tout. Ce fut donc à cet
« état que je me fixai. Mon pére ne pouvant m'en
« empescher, je me mis dans la Congrégation de
« l'Oratoire à l'âge de 23 ans, & j'y restai 7
« ans. Ce qui m'en fit sortir, c'est que j'avois
« fait connoissance d'une personne aimable que je
« voulois épouser ; je l'aimois & j'en étois aimé ;
« mais

" mais elle avoit de la fortune, & je n'en avois
" point; de ſorte que ſon pere & mere, pour me
" donner un congé dans toutes les regles, la ma-
" rierent malgré elle à un homme riche & bête.

" Il y a déja ſix mois que ce malheur m'eſt arrivé;
" j'eus beaucoup de peine à m'en conſoler, cepan-
" dant la raiſon a pris le deſſus, &, Dieu-merci, je
" n'en ſuis plus affecté. Maintenant je veux cou-
" rir après la fortune; voila pourquoi je ſuis
" avec vous, prêt à reſter icy, ſi je crois la trouver,
" ou à l'aller chercher aillieurs s'il le faut."

Je vois, lui répondit L..g..t, que M. votre pere eſt un homme d'eſprit & de jugement; vous auriez beaucoup mieux fait de ſuivre les conſeils qu'il vous avoit donnés; mais il ne faut pas vous déſeſpérer pour cela. Vous voulez être Auteur. Hébien, faites au moins quelqu'ouvrage qui puiſſe vous rapporter, mais n'imités pas l'infamie de ces malheureux que vous venez de nommer il n'y à qu'un inſtant, La Harpe, D'Alembert, &c. Ne vous couvrés pas du même opprobre dans lequel ils ſont engloutis; ce n'eſt point là le moyen, ni de vivre, ni d'être eſtimé. Prenés une route plus glorieuſe & peu connue en France; allés à Londres.

Le Souverain de cette nation, ajouta-t-il, eſt comme un homme ſeul à une très bonne table. Un grand nombre de chiens eſt autour de lui. Quelques uns ſont ſes favoris, & il leur diſtribue tous les os de ſes aſſiettes. Les autres en plus grande quantité ne ceſſent d'aboyer, tant contre les favoris, que contre le maitre, pour avoir part à la bonne chair que celui-cy peut leur procurer au préjudice des premiers: le pauvre homme n'a pas le droit de les chaſſer, & il eſt obligé de les entendre

toujours

toujours malgré lui, ou, s'il veut les faire taire, de leur jetter aussi des os de sa table.

Comme les Ministres, ajouta L..g..t, ne peuvent rester toujours en place, mettés vous du parti opposé; écrivés pour eux, ils n'ont point d'écrivain François dans leur manche; vous leur serez agréable. Ils vous donneront d'abord une pension honeste, & ensuite l'augmenteront, s'ils parviennent, à force d'importunité, à chasser ceux qui ont la prédilection & qu'ils désirent pouvoir remplacer. Ce moyen de faire fortune est excellent en Angleterre, quoiqu'en France il vous conduiroit droit à la Bastille, ou à Bissêtre. — Mais, lui observa mon camarade, je n'ai guères de connoissances à Londres, & il me faudroit d'abord la faveur d'un de ces Chiens Anglois qui aboyent si fort. — Ce n'est point là le plus grand embarras, lui répondit L..g..t; &, pour vous être utile, je vais vous récommander à deux de mes amis qui vous mettront au fait de tout. Revenés demain à midi je vous donnerai deux lettres pour Londres.

Tel fut le résultat de la protection de l'Annaliste du dix-huitiême siècle: mon camarade en fut très satisfait; il remercia sincèrement L..g..t, prit le lendemain les deux lettres de recommandation, & partit le même jour avec moi pour Ostende, où nous nous embarquâmes dans un des quatre nouveaux paquebots établis par Frédérick Romberg & Compagnie de Bruxelles, & où nous n'avions à craindre aucunes hostilités, étant sous Pavillon Imperial. Nous eûmes un vent assez favorable, & nous arrivâmes le second jour à Londres.

CHAPITRE XVII.

Arrivée à Londres. Visite au Duc d'A..gné ; nouvelle forme d'Administration que le Roi de France doit établir en Angleterre. Le Duc d'A..gné nommé Vice-roy. Lettre de Louis XVI. à ce Duc.

MON camarade resta deux jours à se reposer de ses fatigues, & ensuite il pensa sérieusement à ses affaires. Nous allâmes d'abord voir un Duc François à sa campagne. Ce Duc nous reçut on ne peut mieux, & nous invita de passer chez lui quelques jours ; ce que nous acceptâmes. Il demanda à mon camarade s'il connoissoit la Constitution de l'Angleterre, & celui-cy ayant dit qu'il n'en avoit qu'une teinture très superficielle, Milord lui remit le recueil de tous les discours vraiment patriotiques qu'il avoit débités dans le Parlement depuis qu'il avoit été disgracié par son Souverain, & chassé du Ministere. *Par le détail contenu dans ces discours,* lui dit-il, *vous sçaurez bientôt l'état du Royaume, sa constitution, sa décadence, sa ruine future ; & ensuite je vous instruirai des révolutions qui doivent arriver.*

Mon camarade me lut donc ces chefs d'œuvre d'éloquence ; je reconnus facilement que l'auteur étoit un de ces chiens qui aboyent pour avoir des os, & que *celui-cy aboyoit bien fort*, parce-qu'il avoit jadis gouté de ces os, & que la privation lui en étoit plus cruelle que s'il n'en avoit jamais tâté.

Deux jours après, Milord s'entretenant en particulier avec mon camarade à qui il avoit trouvé

de

de l'eſprit & les talens néceſſaires & convenables à ſes deſſeins, lui dit : " mon ami, voulez-vous être " mon Sécretaire des Affaires Etrangeres ? C'eſt la " partie la plus délicate que je vous confierai ; elle " éxigera de votre côté le plus grand ſecret ; cepandant je ne vous donnerai point de forts appointemens pour le préſent, mais, par la ſuite, vous pouvez compter ſur une fortune très brillante & un " poſte très avantageux. „ Mon camarade, à qui il étoit indifférent d'être pour ou contre en pays ennemi, accepta & promit tout ce qu'on voulut.

Alors le Duc lui montra une lettre d'un Miniſtre François très connu, contenant la forme de la nouvelle Adminiſtration que le nouveau Conquérant de l'Angleterre devoit établir dans ce Royaume. Je fis la plus grande attention à la lecture d'une pièce auſſi importante, & je vais en donner à peu près le contenu.

Lettre de Mr. le Comte de V..g..nes, Ministre des affaires etrangeres, a M. le Duc d'A..gné, a Londres.

" Comme nous ne voulons & ne pouvons rien " faire ſans vous en prevenir, Monſieur le Duc, " voici le projet que nous avons formé dans notre " comité, & que nous ſoumettons à vos lumieres, " en vous priant de nous envoyer vos obſerva-" tions au pluſtôt.

" Auſſitot que nous ferons les maitres de " l'Angleterre, & que nous nous ſerons aſſurés " du Roi, de la Reine, & de toute la Famille " Royale, on conduira leurs Majeſtés, avec tous les honneurs dus à leur ancienne Dignité, à St. Germain en Laye, où ils auront une Cour telle que leurs revenus le permettront. Il ne tiendra qu'à eux d'être amis du Roi, & de venir le voir à Verſailles, & dans ſes autres Chateaux.

“ Le Roi leur accordera deux millions de rente, qui ſeront payés très éxactement tous les trois mois.

“ Le Roi George ſe déſiſtera de ſon côté, de l'Electorat d'Hanovre en faveur du Prince de Galles ſon fils, à condition, 1°. que ce jeune Prince renoncera à ſa Principauté de Galles, & n'en portera plus le nom, 2°. Qu'il reſtera toujours en France où il dépenſera les revenus de ſon Electorat.

“ Les autres enfans mâles du Roi George entreront tous dans l'Etat Eccléſiaſtique, après avoir préalablement changé de Religion; on leur donnera les meilleurs Archéveſchés de la France, & on leur fera avoir des Chapeaux de Cardinaux.

“ Les Filles ſe marieront à des Princes François, & ſa Majeſté s'obligera de donner à chacune d'elles une dot de deux millions.

“ Ces arrangemens faits pour éviter toutes ſédition & revoltes, vous ſerez nommé VICEROI de l'Angleterre, où il ſera établi un Gouvernement Monarchique, comme étant le plus convenable au bonheur du peuple.

“ Pour empeſcher vos ennemis d'avoir de la jalouſie contre vous, vous ferez faire le procès à tous les Miniſtres actuels comme CRIMINELS DE LEZE-MAJESTÉ DU PEUPLE ANGLOIS, & vous les enverrés tous à *Tiburn*, où ils ſeront éxécutés aux acclamations & cris de joye de tous les aſſiſtans.

“ Toutes

« Toutes les taxes & les impôts actuellement « ſubſiſtans en Angleterre ſeront continués dans « leur état actuel, juſqu'à ce que Sa Majeſté puiſſe, « pour le bien de ſes ſujets, en diminuer le poids; « a l'exception des droits d'entrée en Angleterre « ſur les ſeuls vins de France, étant naturel que « les peuples d'une même domination jouiſſent du « produit reſpectif de leurs terroirs.

« La premiere choſe à laquelle vous vous oc- « cuperez comme la plus eſſentielle & la plus ſûre « pour maintenir l'Autorité du Roi, ſera de *faire* « *fortifier la tour de Londres, d'y conſtruire des forts,* « *& de la mettre* A L'INSTAR DE LA BASTILLE A « PARIS.

« Les LETTRES DE CACHET AURONT LIEU EN « ANGLETERRE, comme en France; vous ſeul en « aurez la diſtribution à votre gré, ſuivant l'éxi- « gence des cas & votre prudence ordinaire.

« Quant à la Religion, comme les hommes ne « croient plus à toutes les ſuperſtitions des der- « niers ſiècles, toutes les Sectes ſeront tolérées en « Angleterre, avec la ſeule différence que perſonne « ne pourra éxercer aucun poſte public ſans être « de l'Egliſe Romaine; vous êtes prié en conſé- « quence, M. le Duc, de donner l'éxemple de « cette ſoumiſſion à la volonté de Celui que vous « repreſenterez.

« IL N'Y AURA PLUS DE PARLEMENT D'ANGLE- « TERRE DANS LA FORME DE CELUI ACTUEL, ce « qui otera toute idée de révolte & conſervera la « paix intérieure, en prévenant toutes les diſſen- « tions & les guerres civiles; mais on établira dans « les différentes Provinces de ce Royaume, divers « Parlements, dont les charges ſeront vénales, ainſi « que ſont établis les Parlemens en France.

« Tous ces Parlemens jugeront ſeulement les
« procès des particuliers, & ſe contenteront d'en-
« regiſtrer *purement & ſimplement*, les Edits & Dé-
« clarations du Roi, à la premiere ſommation qui
« leur en ſera faite. S'ils jugent à propos, pour le
« bien des peuples, de faire quelques Remon-
« trances, ce ne ſera qu'après l'enregiſtrement.
« S'ils contreviennent à cet ordre, ils ſeront ſup-
« primés, le prix de leurs Charges ſera confiſqué au
« profit de Sa Majeſté, & l'on créera de nouveaux
« Parlemens qui ſeront plus raiſonnables & plus
» ſoumis.

« Le Viceroi nommera à toutes les Charges,
« Emplois & Gouvernements, tant civils que mi-
« litaires, à la charge néanmoins par ceux qu'il
« aura choiſis de faire agréer leurs nominations
« dans le délai de ſix mois par Sa Majeſté.

« Pour qu'il n'y ait plus d'antipathie, ni d'animo-
« ſité entre les deux Peuples, *Anglois & François*,
« & qu'il n'y ait point de prédilection marquée,
« dans tous les actes qui ſeront faits en Angleterre
« au nom de Sa Majeſté, elle ſera qualifiée de Roi
« D'ANGLETERRE, DE FRANCE, & de Navarre, &
« la ville de Londres, ſera déſignée ſous le titre
« de *Sa Bonne Ville*, ainſi que l'eſt celle de Paris.

« Il y aura habituellement en Angleterre 50000
« hommes de troupes réglées, non compris les mi-
« lices; elles ſeront toujours prêtes à marcher
« aux premiers ordres que le Viceroi leur donnera.
« Tels ſont, à peu près, M. le Duc, les ordres que
« nous comptons faire éxécuter auſſitot que Sa Ma-
« jeſté ſera reconnue Souveraine de votre pays.
« Nous en avons conféré avec Elle; elle s'en raporte
« à vous pour coopérer au mieux poſſible, & vous
« recevrez par le même courier une lettre qu'Elle a

« bien

" bien voulu vous écrire Elle-même ; je ne doute
" pas de toute l'affection qui y regne & que vous
" méritez à tant de titres. Je suis, &c.

" Signé, De V..g..nes. "

Mon camarade lut aussi la lettre de Louis XVI dont il est fait mention dans celle cy-dessus. Elle est trop à l'honneur du Duc à qui elle est addressée, pour que je n'en fasse pas aussi mention ; la voicy.

Lettre du Roy de France au Duc d'A....gné.

" *Le Compte fidèle que l'on ma rendu, Mon Cou-*
" *sin, dès preuves sans nombre de votre attachement*
" *à ma Personne Sacrée, & de votre zèle à soutenir*
" *mes intérets & ma gloire, ne me permet point de*
" *douter de votre fidélité & de la continuation de vos*
" *services ; en conséquence je vous nomme pour gous*
" *verner en mon nom toute l'Angleterre, sous le titre*
" *de* Viceroi, *& vous recommande de traiter mes*
" *nouveaux sujets avec toute la douceur qu'il con-*
" *vient, & la même affection que j'ai pour eux. Sur*
" *ce je prie Dieu, Mon Cousin, qu'il vous ait en sa*
" *sainte garde.* "

Signé, Louis.

CHAPITRE XVIII.

Nouveaux malheurs arrivés à l'Auteur; il perd son camarade de voyage. Il a une cuisse & deux pattes brulées; il va dans une lettre chez l'Auteur du G..n..al Advertiser; manufacture d'abominations contre le Gouvernement. Le Pou, après deux jours de jeune, trouve enfin un maitre Anglois.

VOILA, dis-je alors en moi-même, de grandes choses; il paroit qu'il y aura sous peu de temps de furieuses révolutions en Europe, & Milord-Duc y jouera un role des plus intéressans. Il faut que ce soit un homme de très grand mérite, & *qu'il aime furieusement sa patrie* au point de tenter tous les moyens possibles de la délivrer des Ministres actuels qui, sous le nom du Roi, ne font que la tiranniser; tels étoient mes raisonnemens, lorsqu'il me prit fantaisie de vouloir éxaminer particulierement ce personnage important; je me plaçai donc, le plus haut que je pus, sur la tête de mon camarade, dans un instant où il avoit un entretien particulier avec Milord-Duc; mais à peine fus-je à ce poste que mon camarade s'avisa, je ne sçais pourquoy, de remuer la tête; je ne pus soutenir ce mouvement auquel je ne m'attendois pas, & je tombai sur une lettre que Milord-Duc venoit d'achever, & sur laquelle il mettoit de la poudre pour faire sêcher l'encre dont il s'étoit servi; de sorte que, me trouvant collé à cette liqueur, on ne fit point attention à ma personne, & je fus enveloppé dans cette lettre, lorsqu'on la plia.

Ma

Ma nouvelle position devenoit bien critique; je regrettois la perte de mon cher camarade de voyage, le meilleur des maitres qui ne m'avoit jamais maltraité, & qui avoit pour moi tous les soins possibles. Il est vrai que je ne l'avois presque jamais inquiété, je n'avois jamais cherché à lui faire la moindre blessure qui put l'offenser; &, quand la nécessité me forçoit, pour ma subsistance, à lui faire quelque piquûre, je le faisois le plus légèrement que je pouvois, & toujours pendant la nuit, pour qu'il ne s'en aperçut pas.

D'un autre côté, qu'allois-je devenir? Où cette lettre qui me servoit de prison alloit-elle être transportée? A quel nouveâu maitre allois je m'attacher? Un Pou François! Comment Messieurs les Anglois le consideroient ils, & quels traitemens devoient ils lui faire eprouver? Toutes ces idées me tourmentoient beaucoup, lorsqu'un supplice nouveau vint me faire ressentir les douleurs les plus vives & les plus aigues. Une cire bouillante & enflammée, tombant à gros bouillons presque perpendiculairement sur la partie du papier à laquelle j'étois collé, me fit pousser les cris les plus perçans; mais le bourreau qui causoit tout mon mal n'y fit pas la moindre attention; malgré ce tourment terrible, j'eus assez de courage & de force pour pouvoir quitter l'endroit où j'étois, & j'en aurois peut-être été totalement délivré, si une pierre, d'une lourdeur énorme, ne fut venüe à la traverse sur cette huile bouillante, & ne m'eut écrasé une cuisse entiere & deux pattes. Je perdis à l'instant toute connoissance, tant la douleur étoit violente; &, quand je la reçouvrai au bout de quelques minutes, je fus surpris de voir que cette huile qui m'avoit ainsi estropié étoit froide

froide comme le marbre. A l'égard de ma pauvre cuiſſe, elle y reſta enclavée; encore fus-je très heureux, dans mon malheur, d'en être réchappé à ſi bon marché. Une cuiſſe de plus ou de moins ne m'empêchera pas d'aller; je m'en ſuis donc consolé, & j'ai très bien fait, car il n'en auroit été ni plus ni moins. Suivons donc le cours des autres évenemens peutêtre plus importans pour la plus part de mes lecteurs que mes accidens particuliers aux quels ils ſont réunis.

Cette miſérable lettre étoit adreſſée, avec d'autres papiers, à un certain Auteur d'une feuille qui ſe diſtribue tous les jours à Londres ſous le titre d'*Avertiſement Général*, & les papiers étoient pour être inſérés dans ces feuilles continuelles qui nouriſſent la mélancolie & la mauvaiſe humeur du peuple Anglois.

L'Ecrivain décacheta donc la lettre, & me rendit à la liberté. Il m'aperçut; mais, me prenant pour un grain de poudre, il ſoufla ſur moi, & me jetta ſur une table très grande, couverte de différens papiers, les uns manuſcrits, les autres imprimés. Je paſſai ainſi deux jours ſans boire, ni manger, n'ayant pu trouver l'occaſion de parvenir ſur quelque nouveau protecteur qui voulut bien ſe charger de moi. Ce jeûne rigoureux me fit beaucoup ſouffrir, ſurtout après le ſuplice que je venois de ſubir.

Je n'avois donc d'autre occupation que d'entendre parler continuellement des affaires de l'Etat; & Dieu ſçait le tableau effrayant que l'on faiſoit de la pauvre vieille Grande Bretagne.

A entendre les uns, elle étoit aux abois, n'avoit aucune reſſource en elle-même; le crédit public étoit perdu, le commerce anéanti.

A en entendre d'autres, la patrie n'avoit pas de plus grands ennemis que les Miniſtres du Roi; eux ſeuls étoient la cauſe de la révolte des Amériquains & les auteurs de la guerre contre les François & les Eſpagnols, qui n'agiſſoient qu'en récriminant: pluſieurs ſoutenoient que ces Miniſtres s'entendoient avec les François & les Eſpagnols, & même avec les Amériquains, qu'ils vouloient, par des manœuvres éxécrables, trahir leur nation & leur Souverain, & livrer l'Angleterre à leurs ennemis extérieurs: preſque tous concluoient qu'ils méritoient la mort, & que c'étoit à la Nation à ſe rendre juſtice.

Il ſe trouvoit même des effrenés qui pouſſoient l'inſolence juſqu'à donner à entrendre qu'on devoit ſe défaire d'un Monarque aſſez foible pour s'en rapporter à des Miniſtres incapables d'aucun bien & indignes de toute confiance; on citoit, pour éxemple, l'éxécution du malheureux Charles I.

D'où partoient ces germes de ſéditions, qui ne rendoient qu'à révolter tous les Anglois contre leur Souverain & la conſtitution de leur Gouvernement? De gens qui, comme je l'ai appris par la ſuite, ne cherchoient qu'à chaſſer les Miniſtres, & à s'emparer de leurs places; de gens qui n'avoient ni amour ni affection pour leur patrie, quoi qu'ils en euſſent les déhors, mais qui ne penſoient qu'à eux; de gens qui déſiroient que l'Angleterre fut écraſée par ſes ennimis, pour avoir le plaiſir de dire, "on na pas voulu nous " écouter, en voila les conſéquences; nous les " avions bien prédites; voila ce que c'eſt de n'a- " voir pas ſuivi nos conſeils;" de gens qui, cherchant

chant à nager en eau trouble, espéroient que, dans le délabrement universel de la nation, on viendroit à leur confier les rênes du Gouvernement, de gens enfin qui avoient même des liaisons sécretes avec les ennemis de l'état, & qui comptoient parvenir aux premieres places du Royaume, s'il tomboit dans des mains étrangeres.

Le lieu où je me trouvois étoit la manufacture générale de toutes ces abominations; on y envoioit des matériaux de tous les côtés; on en payoit une partie; les auteurs de l'autre se trouvoient encore très satisfaits de pouvoir décharger leur bîle & leur animosité, sans qu'il leur en coutât la moindre chose; mais tous, comme de vils serpens, n'osoient jamais se faire connoitre, & empruntoient de noms supposés.

J'ignorois dans cette situation les motifs qui portoient ces malheureux à se déchainer ainsi contre leur patrie, n'en ayant eu connoissance que par la suite, comme je l'ai déja dit, & je les regardois comme des héros, enflammés de l'amour patriotique, qui, pour le bien de la nation, pouvoient tout craindre de Ministres puissans, & couroient les risques d'éprouver leur ressentiment & leur vengeance. Celui que je regardois avec le plus d'admiration étoit le rédacteur même de cette feuille, qui, se faisant seul connoitre ouvertement, paroissoit affronter impunement tous les dangers, & se présenter aux coups que ses ennemis pouvoient lui porter. Je fis donc tous mes efforts pour tâcher de parvenir jusqu'à lui; j'attaquai une de ses manches, & j'étois sur le point de réussir dans cette entreprise, lorsque le malheureux qui avoit une visite importante à faire, tira une petite brosse qu'il avoit dans sa poche pour nettoyer

toyer son habit, &, dans le moment où je m'y attendois le moins, il la passa à l'endroit où j'étois, & me fit tomber sur son mouchoir placé sur le bord de la table que je venois de quitter, & qu'il mit dans sa poche. Nouvelle infortune qui me mettoit encore au désespoir: heureusement qu'elle ne fut pas de longue durée. Car mon homme ne fut pas plutot auprès de celui qu'il alloit voir, que, se servant de son mouchoir, j'en échappai, me glissai, quoiqu'avec peine, sur l'épaule de ce dernier, & de là je parvins sur sa tête.

CHAPITRE XIX.

Milord Sh... est le nouveau Maitre du Pou; il devient Viceroi d'Irlande pour le Roi d'Espagne; ses relations avec le Confesseur de S. M. C. Décrets du Roi d'Espagne; nouvelle forme d'Administration en Irlande; l'Inquisition y est établie; Addresse de la ville de D.b..n au Roi d'Espagne.

J'AVOIS, je l'avoue, grand besoin de ce restaurateur pour recouvrer mes forces perdues tant par la brulure de ma cuisse & de mes deux pattes, que par l'abstinence rigoureuse qui avoit suivi ce cruel suplice. La nouriture que je pris dans cette nouvelle auberge étoit forte & succulente. C'étoit la quintessence des meilleurs *roast beefs* de l'Angleterre, quoique mon hôte ne fut pas lui-même des plus gras du pays, mais il n'en étoit pas moins bien nouri. Etant logé chez lui, je se plus facilement le connoitre, & voici ce que j'en çais. Milord Sh..b...e est, comme Milord Duc, un des opposans les plus acharnés au Gouvernement; il y a jadis figuré: & son ressentiment d'avoir été expu sé par des gens qu'il regarde bien audessous de lui est un des puissans motifs de sa conduite actuelle. Il a fait tous ses efforts pour pouvoir rentrer en faveur; mais, voyant qu'il lui étoit impossible de réussir, il a pris une route toute opposée; quoi qu'ami en apparence de Milord-Duc, & quoi qu'il paroisse en adopter les sentimens, il seroit jaloux si celui cy attrapoit, d'une manière ou d'une autre, quelque chose qu'il croit mériter mieux que lui; en conséquence, il crie & se déchaine, comme Milord-Duc, contre le Roi, & ses Ministres; &, faute de pouvoir obtenir ce qu'il désire, il s'est retourné d'un autre coté, & dresse ses batteries pour s'élever sur les ruines de l'Angleterre. Se doutant que la Cour de France tramoit sourdement une correspondance avec Milord-Duc, il s'est jetté dans le parti du Roi d'Espagne, & il n'y a pas fait jusqu'icy de mauvaises affaires; car les choses, réussissant suivant ses désirs, il se trouvera en Irlande au même point d'élévation que Milord-Duc doit avoir en Angleterre.

On ne peut avoir aucun doute sur la vérité de ces faits; ils sont constatés dans les actes les plus sérieux que mon nouveau maitre m'a lus plus d'un fois; il en étoit si enthousiasmé, qu'il les avoit presque toujours sous les yeux, quand il étoit seul.

Mais quelle rélation avoit-il, & a-t-il encore auprès du Roi d'Espagne pour la réussite de son entreprise? La meilleure qui soit au monde. *Le Confesseur de Sa Majesté.*

Voici ce que le bon Pere en Dieu lui mandoit dans la troisième lettre qu'il lui addressé.

LETTRE

LETTRE DU CONFESSEUR DU ROI D'ESPAGNE, AU LORD SH..B..E.

« Ce n'eſt point ſans peine, Milord, que S. M. « C. veut bien ſe déterminer à vous préférer, dans « le glorieux poſte de ſon Viceroi en Irlande, à « tous ſes plus fidêles ſujets. Outre les raiſons po- « litiques que je lui ai alléguées pour vous choiſir, « j'ai été obligé de prendre le flambeau de la Re- « ligion pour aller à votre ſecours; *je lui ai dit que*, « *par une révélation particuliere de la Ste. Vierge Im-* « *maculée, je ſçavois la volonté de Dieu*, & qu'il vous « avoit déja inſcrit au Livre des Deſtins pour conſo- « lider la véritable Religion dans le Royaume d'Ir- « lande, au nom de S. M. C. que vous répréſente- « rez. Mais, Milord, vous ne pouvez eſpérer de « monter à ce poſte qu'en promettant ſous ſerment « de remplir éxactement tous les articles contenus « dans le *traité ſecret* que je vous envoye; &, auſſi- « tot que je ſerai ſûr de votre façon de penſer à cet « égard, je vous ferai paſſer le décret qui vous éle- « vera à cette illuſtre Vice-Royauté, &c."

Ce traité particulier eſt trop important pour n'en pas faire mention icy.

TRAITE' SECRET DU ROI D'ESPAGNE AVEC LE LORD SH. B..E.

ORDRE QUE MOI LE ROI VEUX QUI SOIT TENU DANS MON ROYAUME D'IRLANDE.

Art. I. Il n'y aura que la ſeule Religion Catholique dans toutes les parties de ce Royaume; tous les Huguenots ſeront tenus dans les huit premiers jours de mon regne de ſe convertir à la foi, ſinon ſeront chaſſés de tous mes Etats, & tous leurs biens confiſquées au profit des bons Religieux qui

voudront

voudront y vivre dans la retraite & dans la contemplation des merveilles de la Sainte Trinité.

2°. Il y aura dans toute l'Irlande dix Evêques que je ferai nommer par le St. Pere le Pape, ainsi qu'un Arch'évêque, dont le siège sera à Dublin.

3°. LA SAINTE INQUISITION SERA ETABLI DANS LES PRINCIPALES VILLES DE CE ROYAUME, ET LE TRIBUNAL SUPERIEUR SERA DANS LA CAPITALE le tout pour la propagation de la Foi & la tranquillité de ces nouveaux Etats; car c'est à ce saint etablissement que Je dois le repos de mes autres Royaumes qui n'ont jamais éprouvé de guerres civiles pour fait de Religion, ainsi qu'il y en a eû tant, en France, en Angleterre, & aillieurs.

4°. Les Irlandois auront la liberté de commerce dans toute l'Europe, ainsi & de la même manière qu'en jouissent mes autres Sujets de mes différens Royaumes.

5°. Comme l'Angleterre proprement dite va appartenir à mon cher frère LE ROI DE FRANCE, les Irlandois pouront également commercer dans ce pays, sans aucunes taxes ni impots; Je les relève dès à présent de tous les droits établis sur leurs manufactures & leurs fabriques.

6°. Il n'y aura plus de Parlement en Irlande; Je casse dès à présent celui qui y éxiste. Quand mes Sujets de ce Royaume auront quelques graces a demander, ou quelques représentations à faire, ils s'adresseront directement à Moi, & ma bonté pourvoiera à tous leurs besoins.

7°, Aussitot l'installation de mon Viceroi, il fera faire dans tout ce Royaume la recherche la plus éxacte de tous les livres contre la Religion, & les fera bruler en place publique dans chaque ville où ils auront été trouvés, il n'y en aura d'autres

tres dans toute l'Irlande que ceux qui ſont approuvés par la Sainte Inquiſition dans tous mes Etats; & pour cet effet, on les traduira ſur le champs dans la langue du pays.

Milord SH..B..E ayant ſouſcrit à tous ces articles, & promis de les faire exécuter dans la plus grande rigueur, abjura en même temps ſa Religion pour adopter la ſeule qui pouvoit le ſauver, & il reçut peu de temps après, le Décret & la lettre ſuivants.

DECRET DE SA MAJESTE' CATHOLIQUE, QUI NOMME MILORD SH..B..E, VICEROY D'IRLANDE.

DON CARLOS, par la Grace de Dieu, Roi de Caſtille, de Léon, d'Arragon, des deux Siciles, de Jéruſalem, de Navarre, de Grenade, de Tolede, de Valence, de Galice, de Majorque, de Séville, de Sardaigne, de Cordoue, de Corſe, de Murcie, de Jaen, des Algarves, d'Algéſire, de Gibraltar, des Iſles Canaries, des Indes Orientales & Occidentales, des Iſles & Terres Fermes de l'Océan & d'Irlande; Archiduc d'Autriche, Duc de Bourgogne, de Brabant, & de Milan, Comte de Habſbourg, de Flandres, de Tirol, & de Barcelone, Seigneur de Biſcaye, & de Molina, &c: A ceux de mon Conſeil, au Préſident, & aux Auditeurs de mes Audiances & Chancelleries, aux Alcades & Alguaſils de mes Maiſon & Cour, aux Corrégidors, Aſſiſtans, Gouverneurs, Alcades Majors & Ordinaires tant de ma Couronne, que des Seigneuries & Ordres, & à toutes autres perſonnes de

quelque

quelque état, qualité, & condition qu'elles soient dans les cités, villes & lieux de mes Royaumes & Seigneuries, sçavoir faisons que J'ai jugé à propos d'adresser à mon Conseil un Décret signé de ma main & conçu en ces termes.

" Ayant, par la miséricorde de Dieu, réuni sous ma domination le Royaume d'Irlande, avec toutes les cités, villes, forts, chateaux & isles en dépendans. Le premier de mes devoirs est de commencer par les mettre sous la protection immédiate de la très Sainte Trinité. & le second, de les gouverner en bon pere, ainsi que J'ai fait jusqu'ici pour mes autres sujets.

" J'ai donc cru en premier lieu devoir n'y établir que la Sainte Eglise Catholique, Apostolique, & Romaine, dans laquelle nous vivons, & hors laquelle il n'y a point de salut : en conséquence J'ordonne à tous les Infideles, Hérétiques, & Schismatiques, qui se trouvent actuellement en Irlande, & qui ne voudront pas se convertir à la Foi, de sortir de ce Royaume dans huit jours à compter de celui de la notification qui y sera faite du présent Décret.

" Je déclare tous leurs biens confisqués à mon profit, & J'ordonne qu'ils seront vendus dans six mois de ce jour, pour, les déniers provenans de la vente qui en sera faite, être séquestrés, & ensuite employés à l'établissement de Couvents, tant d'hommes que de femmes qui voudront, pour la plus grande gloire de Dieu, s'y retirer & servir, tant par leurs travaux, que par leurs exemples, à l'édification de leurs freres

" J'établis aussi dans tout ce Royaume, la Sainte Inquisition, ainsi qu'elle existe, à la satisfaction générale, dans mes autres états.

En

"En ſécond lieu, l'Adminiſtration civile & militaire ſera auſſi la même que dans mes autres Royaumes. Je ſupprime le Parlement d'Irlande comme contraire au Gouvernement Monarchique, & capable de pouvoir fomenter des diviſions & de troubles.

"Il y aura toujours un *Viceroi* qui ſera ſa réſidence à Dublin, & qui maintiendra dans tout ce Royaume, ſous mon nom, l'ordre & la tranquilité qui doivent y regner.

"*Je nomme dès à preſent, pour remplir cette place* DON SH..B..E, connu juſqu'ici ſous le nom de *Grand d'Eſpagne de la premiere claſſe*, & en qui J'ai toute confiance, par l'attachement qu'il a à ma Perſonne Sacrée, & le zêle qu'il témoigne pour la propagation de la Sainte Foi.

"J'entends & ordonne que tous mes Sujets le reconnoiſſent pour tel en Irlande, & qu'on obéiſſe à ſes Décrets, comme ſi ils étoient émanés de Moi-même.

"J'accorde à tous les Irlandois les mêmes priviléges qu'à mes autres peuples; Je ſupprime, dès à préſent tous les droits précédemment établis ſur leurs fabriques & manufactures.

"Le Conſeil aura ſoin d'expédier les ordres & les avis néceſſaires pour que tous mes Sujets ſoient informés de ma préſente Réſolution Royalle."

A Aranjuez, le premier jour de mon Regne en Irlande.

Signé, Moi, LE ROI.

LETTRE DU ROI CATHOLIQUE, A MILORD SH..B..E, GRAND D'ESPAGNE DE LA PREMIERE CLASSE, VICEROY D'IRLANDE.

" Mon Décret Royal cy-dessus ayant été publié " dans mon Conseil, il en a ordonné l'éxécution, &, " pour cet effet, il a fait publier les présentes: en " conséquence Je vous ordonne qu'aussitot que " vous aurez reçû mon dit Décret, & que vous au- " rez vu ma Résolution y contenue, vous, en qua- " lité de mon Viceroy en Irlande, l'observiez, ac- " complissiez, & éxécutiez, & la fassiez observer, " accomplir, & éxécuter en tout & partout, con- " formement à sa teneur, donnant les ordres & " faisant les dispositions convenables, afin qu'il " conste à tous mes Sujets d'Irlande de ma ditte " Détermination Royalle; car telle est ma Volonté. " Et à la copie imprimée de la présente cédule cer- " tifiée par Don Antonio Martinez Salazar, mon " Sécretaire Greffier des Résolutions, & le plus " ancien Ecrivain de la Chambre & Gouverne- " ment de mon Conseil, la même foi sera ajoutée " qu'à l'original.

" Donné à Aranjuez, le premier de notre Regne " en Irlande.

(Signé) " MOI, LE ROI.

Plus bas est écrit: *Don Juan Francisco de Lastire, Sécretaire du Roi, notre Seigneur, ai écrit la présente par son ordre.*

Signé de plus: *Don Manuel Ventura Figueroa, Don Manuel de Villafane, Don Manuel Doz, Don Raymundo de Irabien, Don Blas de Hinojosa.*

Registré; *Don Nicolas Verdugo.*

Il

Il faut avouer, disois-je en moi-même, que Milord-Duc & mon patron sçavent très bien tirer leur épingle du jeu; mais, ajoutois-je, *ils vendent la peau de l'ours, avant de l'avoir jetté par terre;* si Messieurs les Rois de France & d'Espagne comptent sans leur hôte, les Vicerois n'auront pas de grandes Vice-Royautés. Ces observations m'intriguoient, & j'ignorois quel étoit le dessous de carte d'après lequel on avoit tant de confiance, lorsqu'il fut remis de la part de tous les bons Catholiques d'Irlande à mon Viceroi l'adresse suivante pour être par lui présentée au Roi d'Espagne.

ADRESSE DE LA VILLE DE D..B..N, A SA MAJESTE CATHOLIQUE.

« TRES GRACIEUX SOUVERAIN,

« Nous, les Chefs, les Communes, & citoyens Catholiques de l'ancienne & loyalle ville de D..b..n, demandons la permission d'approcher le pied de Votre Trone Royal, pour Vous offrir nos cœurs, & Vous faire le don de nos personnes & de nos biens, comme A NOTRE SEUL ET UNIQUE SOUVERAIN, que Dieu nous a donné dans sa grace & miséricorde.

« Nous avons été excédés par un Peuple qui devoit nous traiter en frêres, & nous a cependant fait continuellement subir le joug de la servitude. Toutes nos représentations & nos suppliques à l'effet d'alléger le poids des fers que des Ministres durs & cruels appésantissoient sur nous, ont été infructueuses. Toutes les fois que nous nous sommes présentés, nous avons été rejettés, & méprisés. Nous devions vivre sous un Gouvernement libre & nous étions esclaves. Si l'on avoit l'air de nous accorder quelque justice que l'on affectoit de regarder comme une faveur, on y mettoit des éstrictions injustes & impolitiques, qui en diminuoient & altéroient l'efficacité.

C'est donc avec la plus grande satisfaction que nous avons voulu Très Haut prendre en main notre deffense, & nous retirer de cette cruelle servitude. Il nous confie à un Monarque pieux, bon, juste, & rempli d'attachement pour ses sujets. Il soutiendra la gloire du Roi des Rois; il amenera l'abondance dans nos contrées, & fera fleurir nos manufactures & notre commerce. Il nous donne déja pour son Représentant un de nos compatriotes, *sage*, *vertueux*, DESINTERESSE', que nous aimons & qui nous aime. Nous sommes donc, SIRE, pénetrés de la plus vive reconnoissance pour Votre Auguste Personne; nous ne cesserons de bénir le Ciel de nous avoir mis sous Votre Protection, & nous le suplierons de Vous accorder, & à Votre Auguste Famille, des jours longs & prospères. Ce sont les sincères & affectionés sentimens & souhaits des très loyaux & à jamais fidéles Sujets de Votre Majesté.

Signé au Nombre de 380.

CHAPITRE XX.

Assemblée importante chez le Marquis de R.. K.. M; il est nommé par le Congrès Amériquain PROTECTEUR DE LA LIBERTE' ECOSSAISE. *Résolutions du Congrès; nouvelle forme d'Administration en Ecosse. Le Protecteur a une Cour & des Ambassadeurs chez tous les Souverains de l'Europe.*

JE vécus pendant plus de quinze jours sur la fête de Milord Viceroi; j'y étois encore dans la solitude,

litude, mais elle m'étoit toujours agréable & les nouvelles importantes que j'aprenois chez lui tous les jours occupoient mon tems, & chassoient l'ennuy qui auroit pu m'attaquer. Mon Protecteur recevoit beaucoup de visites: tantot c'étoit des gens qu'il occupoit à décrier le Gouvernement actuel; tantot c'étoit des émissaires chargés de fomenter des troubles & des séditions en Irlande en faveur de sa Majesté Catholique: un jour nous tenions des conférences avec le Viceroi d'Angleterre, *pour concerter les discours patriotiques qu'ils devoient l'un & l'autre réciter dans le Parlement, & pour augmenter, à force d'argent & de promesses, le nombre des Opposans dans le Parlement prochain*: un autre jour nous donnions un grand repas à plusieurs membres de la Majorité, & *nous en mettions plusieurs dans notre parti.* Voilà quelle étoit notre conduite, lorsque mon maitre fut invité à diner chez M. le Marquis de R..K..M, où il devoit se tenir dans la soirée une assemblée importante pour les affaires de l'Etat. Mon Protecteur se rendit à l'invition & m'y conduisit. Je mis toute mon attention à connoitre ces différens personnages, pour ensuite apprécier leur mérite, & m'instruire à fonds de leurs desseins: je les éxaminai pendant tout le repas qui se passa en propos indifférens, mais à travers lesquels on voyoit bien l'esprit de parti qui les animoit. Je vais esquisser le portrait de quelques uns de ces grâves Sénateurs, avant que de rendre compte des objets qui ont été agités dans cette Auguste Compagnie.

1°. Le maitre de la maison, ancien Ministre des Finances; c'est un homme laid, petit, maigre & noir; il a les yeux enfoncés, & porte perruque; il il jouit d'environ 60 ans & de 40,000l. ster. de rente; il est indigné contre le Roi d'Angleterre de ce qu'ayant eu autrefois ses bonnes graces, il n'a pu les conserver, & employe tout son crédit & son argent pour faire culbuter son successeur & les autres Sécretaires d'Etat.

2°. Charles F..x; un homme fin & rusé, gros & court, prodigue & ruiné, qui cherche à s'accrocher où il peut, & *qui espère faire fortune dans la Minorité*, puisqu'on ne veut point de lui dans la Majorité.

3°. Le Général B.G..E, partizan zêlé de l'Opposition. Les Ministres actuels avoient cru qu'en le mettant à la tête d'une armée, il abandonneroit ses premiers amis pour servir fidèlement sa Patrie & son Prince: *ce brave homme, ferme à ses premiers attachemens, a accepté le commandement de ces troupes, & les a livrées aux Ameriquains, en se rendant lui-même avec elles prisonnier de guerre.*

4°. L'Amiral par Excellence; c'est le nom qui lui donnoient les autres convives. Cet homme, d'une expérience consommée, quoique opposé au parti du Roi & des Ministres, & quoique parent de Milord-Duc, fut choisi par S. M. *pour commander une flotte considérable, & attaquer celle des François qui étoit inférieure;* mais, d'après les conseils de son cousin, & les intérêts de son parti, il n'a point fait usage de ces forces, s'est conduit de maniére qu'il n'a remporté aucun avantage sur les ennemis, quoiqu'il leur fut supérieur en nombre, & *les a, au contraire, mis dans le cas de pouvoir se vanter avec raison d'être les vainqueurs.*

5°. Milord

5°. **Milord-Duc**, celuy qui m'a fait ſubir le ſuplice cruel dont j'ai parlé, en me brulant ma cuiſſe & mes deux pattes.

6°. L'Eveque de P... B... GH; Je ne me ſerois point attendu à trouver un Prélat dans cette aſſemblée.

7°. Et enfin, mon maitre & mon protecteur, le Viceroi d'Irlande.

Quand la ſéance s'ouvrit, M. le Marquis, en qualité de Préſident, ſe leva, & dit :

Discours interessent du Marquis de R... K... M.

« Meſſieurs,

« Les motifs, d'après leſquels je vous ai prié de « vous rendre en ce lieu, & les objets que nous de- « vous diſcuter & déterminer ſont de la plus grande « importance; j'eſpere que vous voudrez bien y « faire la plus ſérieuſe attention: j'entre en matière.

« Juſqu'icy nous n'avons tous été réunis que dans « un ſeul point; *notre haine contre les Miniſtres* « *actuels & notre intention de parvenir à les expulſer.* « Nos démarches, pour parvenir à ce but, ont été « uniformes: mais qu'avons nous pu obtenir? « Seulement de décrier dans l'eſprit du peuple, « ces gens que nous ne pouvions ſouffrir; & de « préparer une révolte, lorſque nous la jugerons né- « ceſſaire. Quant au Roi, fermement perſuadé du « mérite *imaginaire* de ſes favoris, il leur eſt, dans « le moment actuel, encore plus attaché que jamais.

« Les ennemis de la Grande Bretagne que nous « lui avons heureusement suscités ont dreſſé « toutes leurs batteries pour s'emparer de notre « Pays; l'invaſion va être faite, on le ſçait, on le craint;

 « & ce-

" & cepandant il n'a été pris par le Gouverne-
" ment aucune mesure juste pour s'y opposer;
" nous sommes donc certains de la réussite de
" cette entreprise.

" Un autre fait non moins important est LE
" PARTAGE DE LA GRANDE BRETAGNE, PAR LES
" TROIS PUISSANCES BELLIGERANTES, LA FRANCE
" L'ESPAGNE, ET L'AMERIQUE. Nous en avons
" tous été instruitts en dessous mains. Sans nous
" rien communiquer les uns les autres, nous avons
" cherché de l'emploi auprès des ennemis du Gou-
" vernement, & nous leur avons offert nos services.
" Nous avons presque tous réussi: mais, Messieurs,
" cela ne suffit pas; nous devons toujours être
" amis, & nous concerter dans toutes nos opérations.

" Considérons maintenant notre position actuelle.

" Milord-Duc est nommé par le Roi de France
" pour son VICEROI DE L'ANGLETERRE.

" Milord Sh..... est VICEROI D'IRLANDE pour
" sa Majesté Catholique"—Comme ces deux Seig-
neurs paroissoient de la plus grande surprise de voir
le Marquis de R..K...M aussi bien instruit, celui-
cy les regarda en riant & leur dit " Messieurs,
" j'ai sçu toutes vos démarches *ab ovo ad mala*; &,
" comme vous voyez, je ne les ai point traversées;
" il restoit encore une porte qui m'ouvroit le che-
" min de la gloire, ainsi que de la fortune; j'en
" ai profité; c'est L'AMERIQUE. *J'ai fait mon*
" *traité particulier avec le Congrès, rélativement à*
" *l'Ecosse qui leur appartiendra.* Si vous êtes cu-
" rieux d'en sçavoir les particularités & les détails,
" je vais vous en faire part; mais, ajouta-t-il,
" soyons de bonne foi, & que chacun de nous
" en agisse de même."

Tous

Tous le promirent dans l'instant; les *Viceroix d'Angleterre & d'Irlande* voulurent commencer; ils lurent leurs Patentes nouvelles: ensuite Milord R...K...M exposa les Résolutions du Congrès rélativement à l'Écosse, ainsi qu'il suit.

RESOLUTIONS DU CONGRES AMERIQUAIN.
EN CONGRES.

« La justice de Notre cause Nous ayant relevé du « joug sous lequel les Anglois Nous vouloient as- « servir, la Bénédiction Divine s'est répandue sur « Nous & sur Nos armes; ce lion rugissant qui cher- « choit à Nous dévorer est terrassé; la mer deve- « nue libre, le commerce de l'univers entier va se « faire d'un bout du monde à l'autre sans trouble, « sans Corsaires, sans craindre aucune supériorité. « Les peuples cy-devant asservis sous le Gouverne- « ment despotique de la Grande Bretagne s'en sont « retirés: divises en trois contrées différentes, & trop « foibles pour se soutenir par eux-mêmes, un tiers « s'est mis sous la protection du Roi de France « notre glorieux Allié, un autre tiers s'est donné à « sa Majesté Catholique, & le troisième & dernier « Nous à fait demander à se réunir à Nous, à par- « tager Nos droits qui sont ceux des hommes, Nos « privilêges, Nos prérogatives, & Notre Liberté. « Nous Nous y sommes prêtés avec d'autant plus « de plaisir qu'en accordant à nos freres les Ecos- « sais tous les secours qu'ils implorent, Nous en « faisons des amis qui seront aussi dans le cas de « Nous deffendre & de Nous aider dans les cas de « nécessité & de detresse; en conséquence, après avoir « mûrement réflêchi sur une affaire de cette impor- « tance, & avoir pris les avis de tous nos compatriotes;

RESOLU,

RESOLU, Que Nous donnons toute protection aux habitans de l'Ecosse que Nous regardons dès ce moment comme frères, & comme faisant partie de Notre République.

Attendu Que les Ecossois doivent jouïr des mêmes privilêges que Nous.

RESOLU qu'ils auront dans notre présent Congrès autant de députés que la Province de Pensilvanie; que ces députés prendront leurs intérêts dans les affaires de l'Etat, de même que si l'Ecosse faisoit partie du présent Continent.

Attendu Qu'étant incorporés à Notre Gouvernement, ils ne peuvent en être séparés en aucune circonstance que ce soit, surtout dans les occasions les plus brillantes,

RESOLU, 1°. Qu'à tous les festins & fêtes publiques on boira une santé de plus en l'honneur de Nos nouveaux frères. 2°. Qu'il sera célebré tous les ans l'anniversaire de cette glorieuse Alliance par le Congrès assemblé.

Attendu Que les Ecossais n'ont point partagé avec Nous les frais énormes de la guerre que nous avons été obligés de soutenir jusqu'à ce jour pour élever Notre Gouvernement Républiquain, & dont cependant ils vont gouter avec Nous les fruits & les avantages,

RESOLU, Qu'ils seront tenus de payer en quatre termes égaux, dans l'espace de trois ans, au Congrès par forme d'incorporation & de compensation, la somme de QUATRE MILLIONS STERLINGS, en espèces, & non en papier.

Attendu Que les Ecossais n'ont point de troupes reglées parmi eux, ni aucunes munitions de guerre pour pouvoir se deffendre en cas d'hostilités,

RESOLU, Que le Congrès aura dans l'Ecosse constamment 20,000 hommes de troupes reglées, dont

15,000

15000 d'infanterie & 5000 de cavalerie; que CETTE ARMEE SERA ENTRETENUE AUX FRAIS SEULS DES ECOSSAIS, & que le Congrès se reservera de nommer le Général & les Officiers; lequel Général ne rendra compte qu'au Congrès de sa conduite, par le moyen du Protecteur cy-après nommé, & exécutera ponctuellement ses ordres.

Attendu Que parmi des hommes raisonables il ne doit jamais y avoir aucune dispute pour fait de Religion, & que la liberté de conscience est un des plus beaux priviléges de l'homme,

RESOLU, Que dans l'Ecosse il n'y aura aucune Religion predominante; que chaque particulier y poura éxercer librement la Religion qu'il voudra, & qu'il sera fait deffense à tous les Ecossais, *& particulierement aux Presbytériens* d'avoir aucune querelle pour fait de Religion, *sous peine de mort.*

Attendu Que le Congrès étant éloigné du Royaume d'Ecosse ne poura dans les cas urgens donner les ordres nécessaires aussi promptement qu'il le feroit s'il étoit sur les lieux,

RESOLU, Qu'il y aura à Edimbourg un citoyen auquel le Congrès donnera tous les pouvoirs suffisans pour maintenir la tranquillité de ce Royaume tant au dehors qu'au dedans; que ce chef aura le titre de PROTECTEUR DE LA LIBERTE' ECOSSAISE, & la dénomination d'ALTESSE PROTECTORALE; qu'il poura dans les cas les plus urgens, & lorsqu'il ne se trouvera pas le temps suffisant pour prevenir le Congrès, faire marcher les troupes où il sera nécessaire, & leur donner tous les ordres convenables.

Attendu Que le Protecteur de la Liberté Ecossaise doit aussi connoitre particulierement les divers mouvement des Cours de l'Europe dont il sera

sera plus prés que Nous, & prévenir les maux qui pouroient fondre sur ce pays.

RESOLU, *Qu'il poura avoir des Envoyés dans toutes les Cours de l'Europe* qu'il jugera nécessaires, & en recevoir également de ces Cours, ainsi que cela se pratique auprès de S. A. R. le Prince Charles, Gouverneur Général des Pays-Bas Autrichiens.

Attendu Que, pour l'honneur de l'Ecosse, le Protecteur doit avoir une Cour conforme à sa dignité, & à la gloire de cette nation.

Resolu, Que sur les premiers déniers provenans des charges & impositions publiques, telles qu'elles seront par nous arrêtées dans la premiere assemblée où il y aura des Députés Ecossais, le Protecteur aura pour ses dépenses personelles & celles de sa maison & de ses Officiers, une somme annuelle de 500,000l. ster.

Et, dès à présent, Nous nommons pour PROTECTEUR DE LA LIBERTE' ECOSSAISE l'honorable Marquis de R...K...M à qui Nous confions tous les pouvoirs, cy-dessus. Nous donnons le commandement de l'armée Ecossais, au brave Général B...G...E qui Nous a si bien servi dans la derniere guerre, en se rendant à Nous avec toute l'armée Angloise; Nous réservant de nommer dans la premiere assemblée les autres Officiers de l'armée Ecossaise, après avoir reçu les avis du dit Marquis de R...K...M & du dit Général B...G...E.

Fait en Congrès, le premier jour de notre alliance avec l'Ecosse.

Par Ordre du Congrès,

Signé, CHARLES THOMPSON, Sécrétaire.

CHAPITRE

CHAPITRE XXI.

ET DERNIER.

Résultat de l'Assemblée ; l'Evêque de P....b..gh, devient Arch'évêque de Canterbery, & demande à être Cardinal. L'Amiral K...P...L nommé Ministre de la Marine Angloise pour le Roi de France. L'Honorable Charles F..x, Premier Ministre en Ecosse. Fin de l'ouvrage du Pou ; il le remet à un Editeur.

QUAND les résolutions du Congrès furent lües, le Viceroi de France se leva & dit, en s'adressant au Marquis de R...K...M.

“ Votre Altesse Protectorale ne se trouve pas la “ plus mal partagée, quoiqu'elle ait songé à ses in- “ térets un peu plus tard que nous, cepandant nous “ ne pouvons que la féliciter d'un succès aussi glo- “ rieux ; & les sages arrengemens du Congrès qui “ vous autorisent à avoir des Ambassadeurs dans “ les differentes Cours de l'Europe, me donnent “ l'idée de solliciter le même honneur de mon “ Souverain ; je pense que le Viceroi d'Irlande “ sera aussi de mon avis.”

“ Vous avés raison, Milord, dit le Viceroi Ir- “ landois. C'est une chose très importante que nous “ n'avions pas prévue ; mais, Messieurs, ajouta- “ t-il, il nous faut déja pouvoir nos amis & leur “ procurer des postes avantageux, tels qu'ils sont “ dus à leur mérite. Parlons d'abord de sa Seigneu- “ rie le Lord Evêque de P.....b..gh, ici présent.

Etant ;

" Etant, comme nous, au dessus de tous les pré-
" jugés de l'enfance & de la superstition des Reli-
" gions, je sçais qu'il est dans l'intention, pour son
" intéret personnel, d'entrer dans l'Eglise Romaine.
" Je désirerois pouvoir le présenter à Sa Majesté
" Catholique pour l'Archévesché de Dublin, mais
" ce siége est promis au Confesseur de Sa Majesté,
" & un Archévesché dans mes Etats seroit trop peu
" pour lui ; je prie donc Milord-Duc de voir ce qui
" peut lui convenir dans les siens.

Milord-Duc, prenant alors la parole, dit : " j'ai
" déja pensé sérieusement à être utile à sa Seigneu-
" rie ; j'ai deux objets qui pouroient lui convenir
" dans ma Viceroyauté. L'Evêque de Londres &
" l'Archévêque de Canterbery sont trop attachés
" à la Religion Anglicane pour la quitter ; ils vont
" donc se démettre de leurs siéges, & j'offre à sa
" Seigneurie celui des deux qui lui plaira le plus.

" Je suis enchanté de votre générosité, Milord-
" Duc, dit l'Evêque de P.....b..gh. Vous ne pouvez
" douter de ma reconnoissance ; j'accepte donc *en*
" *toute humilité*, l'Archévesché de Canterbery ; mais
" j'ai encore une autre grace à vous demander :
" certainement le St. Pere le Pape, voyant l'Angle-
" terre sous la domination Françoise, & que la Re-
" ligion Catholique y sera la prédominante, donnera
" quelques CHAPEAUX DE CARDINAUX à des
" Anglois. Qui, plus que moi, aura lieu d'y pré-
" tendre, 1°. Comme Premier Evêque Catholique,
" 2°. Comme étant le Primat de l'Angleterre en
" qualité d'Archévêque de Canterbery ?

Vous avez bon appétit, dit en riant Milord-Duc, mais je ne m'y refuse point, & j'en parlerai au Roi avec plaisir ; je regarde même cela comme une justice qui vous sera due.

Quant

« Quant à l'Amiral par Excellence, ajouta-t-il ;
« comme mon parent & ami intime, & en outre
« comme ayant rendu de grands services à la
« France, je me charge de lui, & je le ferai
« nommer MINISTRE DE LA MARINE ANGLOISE,
« pour Sa Majesté très Chrétienne.

« Messieurs, dit Son Altesse Protectorale, vous
« n'avez point encore pourvu à l'Honorable Ch.
« F.x, & je me fais un plaisir de vous prévenir ;
« je connois trop son mérite, ses lumieres & ses
« talens pour ne pas en profiter : je le prie donc
« de vouloir bien accepter la place de mon premier
« Ministre. L'amitié & l'attachement qu'il a
« toujours montré pour l'Amérique m'assurent que
« ce choix sera très agréable au Congrès, & que
« l'on m'en fera des remerciemens.

« Voila donc, Messieurs, continua-t-il, nos
« premiers arrengemens faits ; il ne nous reste plus
« qu'à nous jurer une amitié & un secret inviolable ;
« car, si nos opérations étoient dévoilées, nous
« serions perdus. Restons fermement attachés à
« nos nouveaux Souverains, agissons toujours de
« concert, & nous sommes sûrs de la réussite.

Tel fut le résultat de cette auguste Assemblée, après quoi l'on se sépara. On ne se doutoit pas que j'y fusse présent, & que j'y fisse le rolle d'espion ; mais ce rolle, tous honteux qu'il est ordinairement, étoit pour moi, honorable & flatteur, parceque je le faisois sans intérêt, & sans tous ces motifs bas & humilians qui gouvernent la pluspart des hommes ; je le faisois plutot comme observateur qu'autrement, & pour mon seul plaisir. J'étois curieux de voir les évenemens qui devoient arriver; mais je n'espérois pas vivre assez pour cela, n'ayant guère plus d'un mois à végeter encore, pour avoir vécu aussi longtems qu'un Pou peut l'esperer.

Je quittai mon Protecteur deux jours après cette glorieuse assemblée ; je tombai sur un pauvre diable d'écrivain qui étoit à ses gages & qui faisoit insérer ses belles productions dans *l'avertissement général* ; c'est où je suis actuellement ; j'y vis en philosophe, attendant la mort, sans la désirer, ni la craindre. C'est dans cette retraite que j'ai recueilli les évenemens cy-dessus, & les ai mis dans cet ouvrage, désirant qu'il puisse voir le jour pour me faire une réputation. Je le remettrai, un jour que je serai dans un caffé, à un voisin de mon hôte, que j'ai en vüe & qui est bon patriote, car celui ci se donnerait bien de garde de le publier. C'est ainsi que je dis *adieu* au genre Humain, au genre Pouilleux, & à tous les êtres que j'ai connus.

POSTSCRIPTUM DE L'EDITEUR.

En effet le Pou, Auteur de cet intéressant manuscrit, me le remit au commencement de Septembre 1779, en langue Françoise, tel que le voici, sans que j'y aie ajouté, ni en aye retranché la moindre chose. J'eus beaucoup de peine à le pouvoir déchiffrer, 1°. parceque l'Auteur, n'ayant jamais eu de maître, ne sçavoit pas trop bien écrire ;

écrire ; 2°. parceque le manuſcrit étoit ſi fin, qu'il me falloit avoir continuellement le microſcope en main pour pouvoir le lire.

J'ai voulu deviner quel étoit l'hôte qui l'hébergeoit, parceque, me trouvant ſouvent à mon caffé ordinaire, tantot auprès de l'un, tantot auprès de l'autre, je n'oſois demander à aucun d'eux s'il étoit un Pouilleux, mais j'aurois été charmé de connoitre l'Auteur, je l'aurois pris ſous ma ſauvegarde, & lui aurois procuré toute l'aiſance poſſible dans ſa vieilleſſe.

F I N.

www.ingramcontent.com/pod-product-compliance
Ingram Content Group UK Ltd.
Pitfield, Milton Keynes, MK11 3LW, UK
UKHW031919260826
14628UKWH00003B/1294